Literatur-Kartei

Literatur-Kartei zum dramatischen Gedicht von Gotthold E. Lessing

„Nathan der Weise"

Silke Nickel

Diese Literatur-Kartei bezieht sich auf das Drama von
Gotthold Ephraim Lessing „Nathan der Weise",
erschienen beim Reclam Verlag, Leipzig/Stuttgart 2003,
ISBN 3-15-000003-3
Einen Verweis auf mögliche Neuauflagen der Textvorlage
finden Sie auf unserer Homepage unter:
www.verlagruhr.de

Verlag an der Ruhr

Impressum

Titel: **Literatur-Kartei: „Nathan der Weise"**
– Arbeitsmaterialien für die Sekundarstufen –

Autorin: Silke Nickel

Druck: Druckerei Uwe Nolte, Iserlohn

Verlag: Verlag an der Ruhr
Alexanderstraße 54 – 45472 Mülheim an der Ruhr
Postfach 10 22 51 – 45422 Mülheim an der Ruhr
Tel.: 02 08/4 39 54 50 – Fax: 02 08/4 39 54 39
E-Mail: info@verlagruhr.de
www.verlagruhr.de

© Verlag an der Ruhr 2005
ISBN 3-8346-0040-7

**geeignet für
die Klasse** | 9 | 10 | 11 | 12 | 13 |

Ein weiterer
Beitrag zum
Umweltschutz:

*Das Papier, auf das
dieser Titel gedruckt ist, hat
ca.* **50% Altpapieranteil,**
der Rest sind **chlorfrei**
gebleichte Primärfasern.

Die Schreibweise der Texte folgt der
reformierten Rechtschreibung.

Inhaltsverzeichnis

Vorwort

Wir leben im **Zeitalter der Globalisierung**: Die Welt rückt näher zusammen und wird immer mehr zum Dorf. Nachrichten aus fernen Ländern, die früher Wochen benötigten, um zu uns zu gelangen, erreichen uns dank moderner Medien in Sekundenbruchteilen. Wir sind über das Leben in fremden Ländern besser informiert denn je.

Folge der Globalisierung ist einerseits, dass wir immer häufiger ins Ausland reisen, andererseits aber auch, dass immer mehr Menschen aus fremden Ländern nach Deutschland kommen und auch unter uns leben. Auf beiden Wegen kommt es zu einer Begegnung der Kulturen, Traditionen und Religionen. Unterschiedliche Vorstellungswelten treffen – ja prallen z.T. aufeinander.

Daraus ergeben sich viele **Fragen**, etwa: Darf eine kopftuchtragende Muslima in Deutschland Beamtin werden? Darf sie in einem öffentlichen Freibad mit dem Tschador bekleidet ins Wasser gehen? Dürfen in Deutschland nach jüdischem Brauch Tiere geschächtet werden?
Wir stehen vor der Aufgabe, solche Fragen zu klären, um ein **friedvolles Zusammenleben** zu ermöglichen. Doch wie können Lösungen aussehen? Wie weit kann bzw. darf Toleranz gehen, bevor man die eigene Identität verliert? Heißt Toleranz, alles zu (er)dulden? Und ist Toleranz nicht überhaupt nur dort möglich, wo man sich seiner eigenen Identität gewiss ist?

Eine provokante Antwort auf diese Fragen gibt uns Lessings Werk **„Nathan der Weise"**, das ja – obwohl in der Aufklärung, also einem Zeitalter gelebter Toleranz, geschrieben – als Folge eines Publikationsverbots entstand. Lessing hat als Schauplatz dieses Dramas bewusst Jerusalem zurzeit der Kreuzzüge gewählt, einem Zeitalter, in dem wie kaum einem anderen die drei großen monotheistischen Religionen in kriegerischer Weise aufeinander trafen. Doch in diesem intoleranten Zeitalter begegnet uns mit Nathan dem Weisen eine Figur, die selbst vorbildlich Toleranz lebt und versucht, andere dazu zu erziehen.

Diese **Literatur-Kartei** will der Frage nachgehen, inwiefern Lessings Ideale von Toleranz heute noch für uns aktuell sind, und versucht immer wieder, Verbindungen zwischen dem Werk und der Gegenwart herzustellen. Zum Verständnis des Schauspiels ist es jedoch auch notwendig, einen Blick auf seine Entstehungshintergründe zu werfen und etwa die Personenkonstellation genauer zu beleuchten. Daneben wird auch die literaturgeschichtliche Bedeutung des Werkes gewürdigt. Die Arbeits-

Gotthold Ephraim Lessing

blätter wollen zum Einen informieren und zum Nachdenken anregen, wollen aber vor allem auch die Schüler aktivieren und sind als Freiarbeitsmaterial oder für fächerübergreifenden oder -verbindenden Unterricht (Deutsch, Geschichte, Religion) verwendbar.

Toleranz – unbegrenzt?

Toleranz (lateinisch: *tolerare* = erdulden, ertragen, aushalten) heißt, andere Weltanschauungen bzw. andere Religionen, andere Lebensentwürfe und Überzeugungen zu akzeptieren.

Es gibt viele gesellschaftliche Situationen, in denen von uns verlangt wird, tolerant zu sein.

Doch wie weit soll bzw. darf Toleranz gehen?

Max, 18, ist Mitglied in einer Gruppe von Neonazis. Bei ihren wöchentlichen Treffen singen sie Lieder aus dem Dritten Reich; die Texte dazu – oft judenfeindlich – stellen sie auch auf ihrer Homepage ins Internet.

Annika, 17, ist ungewollt schwanger geworden. Sie entschließt sich, ihr Kind abtreiben zu lassen.

Dominik, 12, raucht jeden Tag fünf Zigaretten und trinkt regelmäßig Bier.

Sabine, 14, ist in ihren Mathelehrer verliebt. Seitdem trägt sie in der Schule nur noch Miniröcke und durchsichtige Blusen oder tief ausgeschnittene T-Shirts.

Jonas Eltern sind Zeugen Jehovas. Als **Jonas, 15,** bei einem Unfall schwer verletzt wird, lehnen seine Eltern die lebensnotwendige Bluttransfusion aus Glaubensgründen ab.

Moritz, 16, ist homosexuell. Er geht mit seinem Freund Anton Händchen haltend durch die Stadt. Die beiden küssen sich in aller Öffentlichkeit.

Toleranz Toleranz Toleranz Toleranz Toleranz Toleranz Toleranz

Überlegt gemeinsam, welches Verhalten ihr noch tolerieren könnt bzw. wo eurer Meinung nach die „Grenzen der Toleranz" überschritten werden!

© Verlag an der Ruhr / Postfach 10 22 51 / 45422 Mülheim an der Ruhr / www.verlagruhr.de / ISBN 3-8346-0040-7

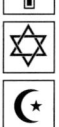

Toleranz – garantiert in den Menschenrechten

■ Im Grundgesetz der BRD ist festgelegt, wie „Toleranz" in einem demokratischen Staat und einer demokratischen Gesellschaft aussehen kann.

Aus dem Grundgesetz der Bundesrepublik Deutschland:

Artikel 1
(1) Die Würde des Menschen ist unantastbar. Sie zu achten und zu schützen ist Verpflichtung aller staatlichen Gewalt.
(2) Das deutsche Volk bekennt sich darum zu den unverletzlichen und unveräußerlichen Menschenrechten als Grundlage jeder menschlichen Gerechtigkeit in der Welt.

Artikel 2
(1) Jeder hat das Recht auf die freie Entfaltung seiner Persönlichkeit, soweit er nicht die Rechte anderer verletzt und nicht gegen die verfassungsgemäße Ordnung oder das Sittengesetz verstößt.
(2) Jeder hat das Recht auf Leben und körperliche Unversehrtheit. Die Freiheit der Person ist unverletzlich. In diese Rechte darf nur auf Grund eines Gesetzes eingegriffen werden.

Artikel 3
(1) Alle Menschen sind vor dem Gesetz gleich.
(2) Männer und Frauen sind gleichberechtigt.
(3) Niemand darf wegen seines Geschlechtes, seiner Abstammung, seiner Rasse, seiner Sprache, seiner Heimat und Herkunft, seines Glaubens, seiner religiösen oder politi-

schen Anschauungen benachteiligt oder bevorzugt werden.

Artikel 4
(1) Die Freiheit des Glaubens, des Gewissens und die Freiheit des religiösen und weltanschaulichen Bekenntnisses sind unverletzlich.
(2) Die ungestörte Religionsausübung wird gewährleistet.

Artikel 5
(1) Jeder hat das Recht, seine Meinung in Wort, Schrift und Bild frei zu äußern und zu verbreiten und sich aus allgemein zugänglichen Quellen ungehindert zu unterrichten. Die Pressefreiheit und die Freiheit der Berichterstattung durch Rundfunk und Film werden gewährleistet. Eine Zensur findet nicht statt.
(3) Kunst und Wissenschaft, Forschung und Lehre sind frei. Die Freiheit der Lehre entbindet nicht von der Treue zur Verfassung.

Artikel 6
(5) Den unehelichen Kindern sind durch die Gesetzgebung die gleichen Bedingungen für ihre leibliche und seelische Entwicklung und ihre Stellung in der Gesellschaft zu schaffen wie den ehelichen Kindern.

Artikel 9
(1) Alle Deutschen haben das Recht, Vereine und Gesellschaften zu bilden.

Artikel 12
(1) Alle Deutschen haben das Recht, Beruf, Arbeitsplatz und Ausbildungsstätte frei zu wählen. Die Berufsausübung kann durch Gesetz oder auf Grund eines Gesetzes geregelt werden.

Artikel 18
Wer die Freiheit der Meinungsäußerung, insbesondere die Pressefreiheit, die Lehrfreiheit, die Versammlungsfreiheit, die Vereinigungsfreiheit, das Brief-, Post und Fernmeldegeheimnis, das Eigentum oder das Asylrecht zum Kampfe gegen die freiheitliche demokratische Grundordnung missbraucht, verwirkt diese Grundrechte.

Grundgesetz für die BRD. Bayerische Landeszentrale für politische Bildung. Bearbeitet von Konrad Stollreiter. München 1992.

1. **Unterstreicht, in welchen Bereichen (z.B. Religion) uns das Grundgesetz zu Toleranz gegenüber anderen Menschen verpflichtet!**
2. **Wo setzt das Grundgesetz der Toleranz Grenzen? Warum ist das wichtig?**
3. **Überprüft nun die Beispiele von S. 5 unter rechtlichen Gesichtspunkten. Deckt sich die rechtliche Beurteilung mit eurer eigenen Einschätzung?**

© Verlag an der Ruhr / Postfach 10 22 51 / 45422 Mülheim an der Ruhr / www.verlagruhr.de / ISBN 3-8346-0040-7

Toleranz – eine Podiumsdiskussion I

Glücksdorf hat ca. 25 000 Einwohner. Bekannt ist die Kleinstadt vor allem durch das hier ansässige Unternehmen „Phonik", das Fernseh- und Radiogeräte produziert. Viele Mitarbeiter dieser Firma stammen aus der Türkei und sind in den 50er und 60er Jahren als Gastarbeiter nach Deutschland gekommen. Nun leben sie mit ihren Familien seit Jahrzehnten in Glücksdorf. Die Kinder sind in Deutschland aufgewachsen und sprechen – im Gegensatz zu vielen Eltern – fast alle fließend Deutsch.

Die türkischen Familien haben sich vor Ort gut eingerichtet: Es gibt drei türkische Gemüse- und Lebensmittelläden, einen kleinen türkischen Sportverein und natürlich mehrere Dönerstände. Seit einiger Zeit tritt jedoch eine Gruppe türkischer Mitbürger dafür ein, dass in Glücksdorf eine **Moschee** (muslimisches Gotteshaus) mit Minarett (Turm) gebaut wird, damit die Gläubigen nicht mehr jeden Freitag 25 Kilometer in die nächste Stadt zum Gottesdienst fahren müssen. Sie haben sich im Verein „ProMoschee" zusammengeschlossen. Dieser Verein, der nun die Interessen der ca. 2500 in Glücksdorf lebenden Muslime vertritt, hat bereits ein passendes Grundstück mitten im Ort erworben und einen Bauantrag eingereicht.

▌An einem Abend findet in Glücksdorf eine Podiumsdiskussion statt, bei der über diesen Bauantrag diskutiert wird. Anwesend sind:

Pater Jakob, katholischer Pfarrer

Pater Jakob vertritt die Interessen von 3000 Katholiken in Glücksdorf. Heute sieht er sich sogar als Sprecher aller Christen im Ort, denn sein evangelischer Kollege kann nicht teilnehmen, da er auf einer Fortbildung ist.

Pater Jakob lehnt den Bau einer Moschee im Ort völlig ab, denn er sieht den christlichen Glauben dadurch gefährdet. Schließlich bekennen die Muslime in ihrem Glaubensbekenntnis, mit dem sie auch zum Gebet rufen: „Es gibt keine Gottheit außer Gott und Mohammed ist der Gesandte Gottes." Also zielen die Muslime langfristig auf die Durchsetzung einer islamischen Gottesherrschaft ab. Dem muss Pater Jakob aber eindringlich widersprechen, denn der einzig wahre Gott ist der christliche. Somit sieht er im Bau einer Moschee, deren Minarett gar vielleicht noch höher wird als der katholische Kirchturm, eine Provokation für jeden gläubigen Christen.

Toleranz –
eine Podiumsdiskussion II

Anna Bauer, Bürgermeisterin

Eine Bürgermeisterin, meint Anna Bauer, sollte tolerant sein und über den Interessen der verschiedenen Religionsgemeinschaften in ihrem Ort stehen. Zwar ist sie getauft und – wie 16 000 Einwohner Glücksdorfs – Mitglied der evangelischen Kirche, den Gottesdienst besucht sie jedoch nur an Weihnachten.

Grundsätzlich hat nach Meinung der Bürgermeisterin jede Religionsgemeinschaft das gleiche Recht, ein Gotteshaus zu errichten. Das gebietet die im Grundgesetz verankerte Religionsfreiheit. Frau Bauer findet ein friedliches und tolerantes Zusammenleben wichtig und würde ihre Bürger auch gerne dazu ermutigen.

Gökhan Gültekin, Vorsitzender des Vereins „ProMoschee"

Gökhan Gültekin sieht sich als Vertreter der Interessen aller in Glücksdorf lebenden Muslime. Er versteht nicht, warum es in Glücksdorf immer noch keine Moschee gibt, denn seit über 30 Jahren leben nun schon Muslime im Ort. Schließlich existiert ja auch eine katholische Kirche, obwohl sogar weniger Katholiken als Muslime hier wohnen. Herr Gültekin ist in Deutschland aufgewachsen, hat hier die Schule besucht, eine Ausbildung bei „Phonik" gemacht, wo er immer noch arbeitet, und spricht fließend Deutsch. Er fühlt sich in Glücksdorf zu Hause, ist aber gleichzeitig gläubiger Muslim.

Jeden Freitag in die nächste Stadt zum traditionellen Freitagsgebet zu fahren, findet er sehr aufwändig, zumal der Fahrtweg äußerst kompliziert ist, da man nicht mit öffentlichen Verkehrsmitteln dorthin gelangen kann, also auf ein Auto angewiesen ist. Herr Gültekin hofft, dass sich das Gemeindeleben der Muslime durch den Bau der Moschee intensiviert, dass noch mehr Gläubige zum Gebet kommen und ihr Gemeinschaftsgefühl verstärkt wird. Das soll jedoch nicht den Rückzug der Muslime aus dem Gemeinschaftsleben in Glücksdorf bedeuten.

Herbert Schneider, Sprecher der Anwohner am Baugrundstück

Herbert Schneider hält den Bau einer Moschee in Glücksdorf für völlig überflüssig und mit der Wahl des Baugrundstückes so nah bei seinem Haus ist er schon gar nicht einverstanden. Er hätte es am liebsten, wenn alle Türken in ihre Heimat zurückkehren würden, wo sie seiner Meinung nach auch hingehören.
In Deutschland würden sie den Deutschen ja nur die Arbeitsplätze wegnehmen, oder warum sonst haben wir so eine hohe Arbeits-

losenquote. Und richtig Deutsch würden viele von ihnen ja auch nicht sprechen. Überhaupt hegt Herr Schneider große Vorbehalte gegenüber den Muslimen: Was ist denn das für eine Religion, deren Anhänger auf der ganzen Welt westliche Einrichtungen bombardieren und unschuldige Zivilisten töten? Und wie rückständig die Muslime sind, kann man ja auch daran erkennen, dass viele Frauen verschleiert rumlaufen, wie bei uns im Mittelalter!

© Verlag an der Ruhr / Postfach 10 22 51 / 45422 Mülheim an der Ruhr / www.verlagruhr.de / ISBN 3-8346-0040-7

Toleranz –
eine Podiumsdiskussion III

Claudia Jung, Personalchefin bei „Phonik"

Claudia Jung ist, was den Bau der Moschee anbelangt, hin und her gerissen. Als Personalchefin bei „Phonik" kennt sie die Sorgen ihrer vielen türkischen Mitarbeiter: Sie weiß, wie wichtig den meisten die täglichen Gebetszeiten und der freitägliche Besuch in der Moschee sind. Zwar sind die türkischen Mitbürger im Ort gut integriert, dennoch ist ihre religiöse Aktivität für ihr Selbstverständnis wichtig. Gäbe es in Glücksdorf eine Moschee, wären viele Mitarbeiter bei „Phonik" zufriedener und es wäre bei Bedarf auch wesentlich leichter, neue türkische Mitarbeiter, die Frau Jung immer als fleißig und zuverlässig erlebt hat, anzuwerben. Dennoch kann sich Frau Jung nur schwer mit dem Gedanken anfreunden, dass nun eine Moschee das Stadtbild ihres Heimatortes ergänzen soll. Sie selbst gehört keiner Glaubensgemeinschaft an und ist von daher weltanschaulich offen, fühlt sich aber fest in der christlich-abendländischen Gesellschaft und ihren Traditionen verwurzelt. Sie schickt auch ihre Kinder, obwohl sie ungetauft sind, in den evangelischen Religionsunterricht, um ihnen die christlichen Grundgedanken, die sie für ein Fundament unserer Gesellschaft hält, zu vermitteln. Im Türkeiurlaub besichtigt sie gerne Moscheen, in Glücksdorf empfindet sie jedoch eine muslimische Gemeinde als Fremdkörper.

Verteilt die Rollen und arbeitet in Gruppen die Positionen mit passenden Argumenten aus. Simuliert anschließend die Podiumsdiskussion! Ihr solltet hierfür einen neutralen Diskussionsleiter bestimmen. Der Rest der Klasse kann während der Diskussion Beobachtungsaufgaben übernehmen.

© Verlag an der Ruhr / Postfach 10 22 51 / 45422 Mülheim an der Ruhr / www.verlagruhr.de / ISBN 3-8346-0040-7

Warum tragen muslimische Frauen ein Kopftuch? I

1. Welche Gefühle und Gedanken weckt dieses Bild bei euch?

2. Stellt Vermutungen an, warum das Mädchen ein Kopftuch trägt!

3. Kennt ihr muslimische Mädchen oder Frauen? Fragt sie nach ihrer Einstellung zum Tragen eines Kopftuches!

▌ Die Reaktionen auf das Tragen eines Kopftuches sind sehr vielfältig. Während manche es schlicht außergewöhnlich oder extrem altmodisch finden, sehen andere im Kopftuch ein Zeichen für die Unterdrückung der Frau durch den Mann im Islam. Wieder andere erkennen im Kopftuch ein religiöses Symbol und werden – gerade zu Zeiten des islamistischen Terrorismus – an radikale Strömungen im Islam erinnert.

Die Gründe, warum muslimische Frauen ein Kopftuch tragen, sind vielfältig:

Religiöse Gründe:

„Prophet, sag deinen Gattinnen und Töchtern und den Frauen der Gläubigen, sie sollen, wenn sie austreten, sich etwas von ihrem Gewand über den Kopf herunterziehen. So ist es am ehesten gewährleistet, dass sie als ehrbare Frauen erkannt und daraufhin nicht belästigt werden. Gott aber ist barmherzig und bereit zu vergeben."
SURE[1] 33,59

Aus Textstellen des Korans wird eine religiöse Verpflichtung zum Tragen des Kopftuches durch Frauen abgeleitet. Nach dem Koran haben Mann und Frau grundsätzlich den gleichen Rang vor Gott. Doch es gibt auch Koran-Stellen, die von einer klaren Unterordnung der Frau sprechen:

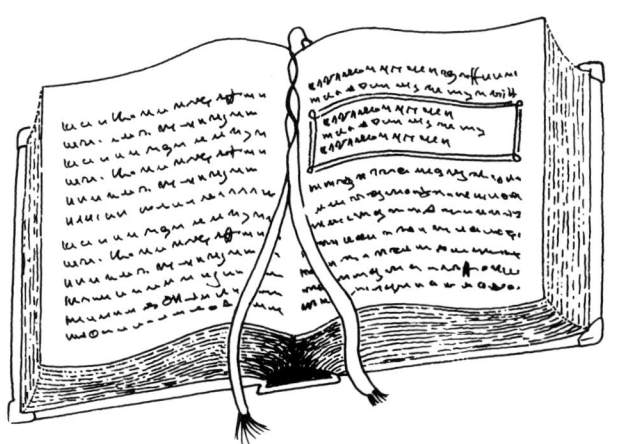

„Die Männer stehen über den Frauen, weil Gott sie von Natur vor diesen ausgezeichnet hat und wegen der Ausgaben, die sie von ihrem Vermögen gemacht haben. [...] Und wenn ihr fürchtet, dass irgendwelche Frauen sich auflehnen, dann vermahnt sie, meidet sie im Ehebett und schlagt sie."
SURE 4,34

[1] Der „Koran" ist die Heilige Schrift des Islam, die etwa unserer Bibel entspricht; „Sure" bezeichnet ein Kapitel darin.

Warum tragen muslimische Frauen ein Kopftuch? II

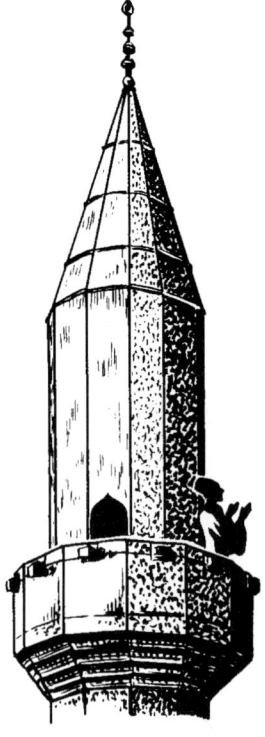

■ Das Leben in Ehe und Familie ist in den islamischen Ländern stark durch patriarchalische (Patriarchat = Herrschaft der Männer) Strukturen geprägt. Somit wird der Frau eine untergeordnete Rolle in der Familie des Mannes, deren Mitglied sie durch die Heirat wird, zugeschrieben. Zur Entstehungszeit des Korans im 7. Jh. n.Chr. bedeuteten dessen Regelungen eine rechtliche Absicherung und somit einen Fortschritt für die damals rechtlosen Frauen. Heute jedoch widersprechen die Forderungen des Korans unseren Vorstellungen von der Gleichberechtigung der Frau.

Wie bei anderen Koran-Stellen ist auch bei der Frage des Kopftuchtragens die Interpretation offen und von Land zu Land verschieden. Viele Staaten mit überwiegend muslimischer Bevölkerung – wie etwa die Türkei – haben ihr Rechtssystem säkularisiert (d.h. verweltlicht) und an die westlichen Vorstellungen angepasst. Dennoch sind – besonders in ländlichen Gebieten – die traditionellen Vorstellungen noch weit verbreitet. In anderen islamischen Ländern, wie z.B. dem Iran, werden die Regeln des Korans ebenfalls sehr streng befolgt.

Kulturelle Gründe: Manche Frauen wollen durch das Kopftuch ihre Zugehörigkeit zur kulturellen und religiösen Tradition ihres Herkunftslandes ausdrücken, besonders wenn sie als Minderheit in einem (westlichen) Land leben. Das Kopftuch kann ihnen Sicherheit in einer ihnen fremden Lebenswelt vermitteln.

Politische Gründe: Das Kopftuch kann auch als Bekenntnis zu einer muslimischen Gesellschaft und Staatsordnung verstanden werden. In einem solchen Staat bestimmen die religiösen Grundsätze das ganze Leben, auch die staatliche Ordnung (z.B. die Rechtsprechung).

Persönliche Gründe: Das Kopftuch wird als Ausdruck für ein selbstbestimmtes Leben als Muslima, als Zeichen von Würde und Selbstbewusstsein getragen, aber auch als persönlicher Schutz vor Zudringlichkeiten.

Familiäre Gründe: Einige Frauen werden durch ihre Familie oder den Staat dazu gezwungen, ein Kopftuch zu tragen oder sich zu verschleiern, obwohl sie dies nicht wollen.

Welche der dargestellten Gründe sind für euch nachvollziehbar, welche weniger?

© Verlag an der Ruhr / Postfach 10 22 51 / 45422 Mülheim an der Ruhr / www.verlagruhr.de / ISBN 3-8346-0040-7

Leben als muslimisches Mädchen in Deutschland

Sie glotzen mich an wie eine Außerirdische

Für Necla besteht die Innenstadt hauptsächlich aus Augen. Aus neugierigen, staunenden, mitleidigen, auch ablehnenden Blicken, die über ihre Kleider schweifen, sich an ihr Kopftuch heften und sich ihr aufdringlich ins Gesicht kleben. Überall dort, wo viele Menschen sind, fühlt Necla sich von Blicken belästigt. [...] Auch wenn die meisten Passanten nicht einmal unfreundlich gucken, so gucken sie doch – und Necla möchte nicht beguckt werden. Sie möchte, dass die Menschen an ihr genauso gleichgültig vorübergehen wie an 13-jährigen Mädchen mit grünen Haaren. [...] Als Necla vor einem Jahr zum ersten Mal mit dem Kopftuch in der Schule erschien, wurde sie bestaunt und bespöttelt. „Ein paar Tage lang rissen mir die Jungen das Tuch vom Kopf, ich zog es wieder an – das Spiel wurde langweilig und dann war Ruh." [...] Allahs Gebote werden nicht diskutiert. Der Mensch muss die Belehrungen und Anweisungen nicht

begreifen, er soll glauben und gehorchen. Gottes Wort ist heiliges Gesetz und darf nicht interpretiert werden. So hat es Necla in den Koranstunden gelernt und so ist es für sie überzeugend und sinnvoll. Ein Mädchen „deckt sich zu", wenn es Frau wird. [...]

Die Klassenlehrerin nennt Necla das „lächelnde Mädchen". Sie ist höflich und aufmerksam, schreibt gute Noten und hat noch nie den Unterricht gestört. Aber ängstlich ist sie nicht. Auch dem stärksten Jungen der Klasse wird es nicht gelingen, ihr die bunten Illustrierten wegzunehmen, die in den Pausen kursieren. Necla liest Artikel über Pillen und Kondome, Emanzipation und Abtreibung. Sie kann und darf das zu Hause nicht lesen und verteidigt deshalb energisch den kleinen Freiraum in den Schulpausen. [...]

Muslimische Eltern in der Bundesrepublik versuchen per Gerichtsbeschluss, ihre Töchter vom Sportunterricht zu befreien, weil sie sich

dort aus- und umziehen müssen – Necla aber darf am Sportunterricht teilnehmen. In der Sportstunde sind Mädchen unter sich, das wissen die Eltern, und zum Umkleiden verschwindet Necla diskret hinter der Toilettentür. Dann spielt sie in T-Shirt und Leggings Federball, verrenkt sich am Barren, grätscht über Böcke. In der Sportstunde lässt sie sogar das Kopftuch im Umkleideraum. „Warum auch nicht", sagt Necla, „wär' doch blöd, am Kopf zu schwitzen." Dann verhüllt sie sich wieder. Trägt das Kopftuch, das weite Kleid über der weiten Hose. Verwandelt sich vom flotten Leggingsmädchen zurück in eine artig aussehende junge Muslimin. [...] Am großen Sportfest wird Necla nicht teilnehmen. Leicht bekleidet zusammen mit Jungen über den Schulhof toben – das geht nicht, das weiß sie, da muss sie zu Hause erst gar nicht fragen.

Monika Held: Sie glotzen mich an wie eine Außerirdische. In: Brigitte 22/1992. S. 136–138. Stark gekürzt.

1. Warum trägt Necla ein Kopftuch?

2. Wie reagiert ihre Umgebung darauf? Wie beurteilt ihr das Verhalten der Mitschüler?

3. Vergleicht Neclas Leben mit eurem! Inwiefern lebt sie in zwei Welten?

Der Kopftuchstreit –
Wie tolerant ist unser Staat?

❚ Lange Zeit beschäftigte der so genannte „Kopftuchstreit" das Bundesverfassungsgericht und auch die Öffentlichkeit in Deutschland: Eine muslimische Lehrerin hatte dagegen geklagt, dass sie nicht mit Kopftuch unterrichten darf bzw. dass ihr, weil sie ein Kopftuch trägt, die angestrebte Einstellung als Beamtin auf Probe in Baden-Württemberg verweigert wurde.

Bei diesem Rechtsstreit treffen die verschiedensten Interessen aufeinander:

**Religions-
freiheit der Klägerin**
Das Tragen eines Kopftuches in Schule und Unterricht ist durch das Grundrecht auf Glaubensfreiheit geschützt. Jedem Deutschen ist unabhängig von seinem religiösen Bekenntnis die Zulassung zu öffentlichen Ämtern wie dem Lehramt zu gewähren.

**Religiös-
weltanschauliche Neutralität
des Staates**
In Deutschland gibt es keine Staatsreligion; Kirche und Staat sind getrennt. Religiös-weltanschauliche Neutralität meint „eine offene und übergreifende, die Glaubensfreiheit für alle Bekenntnisse gleichermaßen fördernde Haltung."
(BVG)

**Negative
Glaubensfreiheit der Schüler**
Hiermit ist das Recht der Schüler gemeint, einer kultischen Handlung eines Glaubens, den sie nicht teilen, fernzubleiben. Sie haben jedoch nicht das Recht, von religiösen Symbolen eines fremden Glaubens verschont zu bleiben.

Elterliches Erziehungsrecht
Pflege und Erziehung der Kinder sind ein natürliches Recht der Eltern; diese bestimmen z.B. auch über die Teilnahme am Religionsunterricht, entscheiden also über die Art der religiösen Erziehung ihrer Kinder.

**Neutralitäts- und
Mäßigungsgebot für Beamte**
Die Pflicht eines Beamten, etwa die Pflicht eines Lehrers zur Erziehung der Kinder auf der Grundlage des Grundgesetzes, überlagert dessen persönliche Grundrechte, z.B. sein Recht auf Religionsfreiheit, soweit sein Amt dies erfordert.

Urteil vom Bundesverfassungsgericht vom 24.09.2003 unter www.bundesverfassungsgericht.de/cgi-bin/link.pl?presse

1. **Wessen Rechte findet ihr am wichtigsten?**

2. **Überlegt gemeinsam: Wie würdet ihr in diesem Rechtsstreit entscheiden? Wenn ihr wollt, könnt ihr die Gerichtsverhandlung auch nachstellen: Bestimmt eine Klägerin, einen Vertreter des Staates, mehrere Richter ...**

© Verlag an der Ruhr / Postfach 10 22 51 / 45422 Mülheim an der Ruhr / www.verlagruhr.de / ISBN 3-8346-0040-7

Das Kopftuchurteil und seine Folgen

Das Bundesverfassungsgericht entschied am 24.09.2003 folgendermaßen:

Die Mehrheit der Richter fand, dass das Tragen eines Kopftuches an staatlichen Schulen nicht verboten werden dürfe, da hierfür derzeit eine entsprechende gesetzliche Grundlage fehle. Es stehe den Bundesländern jedoch frei, ein entsprechendes Gesetz zu erlassen, sofern die Grundlage der Gleichbehandlung aller Religionen dabei beachtet sei. Christliche Symbole und Kleidungsstücke sollen durch ein solches Gesetz aber nicht verboten werden.

Urteil vom Bundesverfassunggericht vom 24.09.2003 unter www.bundesverfassungsgericht.de/cgi-bin/link.pl?presse

Einige Bundesländer haben daraufhin den Erlass eines entsprechenden Gesetzes angekündigt; dies wurde etwa in Baden-Württemberg, Hessen und Bayern bereits in die Realität umgesetzt.

Auf der anderen Seite jedoch formiert sich auch ein breiter Widerstand gegen ein rechtliches Verbot des Kopftuchtragens. So formulierte eine Initiative, u.a. der Beauftragten der Bundesregierung für Migration, Flüchtlinge und Integration, folgenden Aufruf:

„Religiöse Vielfalt statt Zwangsemanzipation"
– Aufruf wider eine Lex Kopftuch

„[…] Es steht zu befürchten, dass das Verbot des Kopftuches für Lehrerinnen die allgemeine gesellschaftliche Stigmatisierung derjenigen Frauen, die es tragen, vorantreibt. Mit der Botschaft, das Kopftuch sei per se politisch und gehöre daher verboten, wird diese Einordnung auch die Frau in der Arztpraxis, die Verkäuferin und vielleicht bald auch die Schülerin treffen. Dies kann nicht in unserem Sinne sein. Es gilt, muslimische Frauen auf ihrem Berufsweg zu stärken und es ihnen damit möglich zu machen, einen selbstbewussten, frei gewählten Lebensentwurf zu verfolgen. Durch ein Kopftuchverbot würden sich viele Muslime in der Einschätzung bestärkt fühlen, sie seien gesellschaftlich ausgegrenzt und chancenlos. Auf Ausgrenzungserfahrungen folgt häufig der Rückzug aus der Mehrheitsgesellschaft. Undemokratische islamische Organisationen wissen dies auszunutzen, dies ist der Nährboden für radikale Gesinnungen. […]"

„Religiöse Vielfalt statt Zwangsemanzipation" – Aufruf wider eine Lex Kopftuch. Eine Initiative von Marieluise Beck (Beauftragte der Bundesregierung für Migration, Flüchtlinge und Integration) und vielen anderen namhaften deutschen Frauen.

Stellt die Argumente für und gegen ein Kopftuchverbot für muslimische Lehrerinnen in einer Tabelle einander gegenüber!

Religiöse Toleranz – gleiches Recht für alle?

„Wenn das Kopftuch als Glaubensbekenntnis, als missionarische Textile gilt, dann muss das genauso gelten für die Mönchskutte, für das Kruzifix."

Neujahrsinterview 2004 mit dem ehemaligen Bundespräsidenten Johannes Rau im ZDF

Diese Äußerung des ehemaligen Bundespräsidenten hat ein großes Echo gefunden und ist auf sehr unterschiedliche Reaktionen gestoßen:

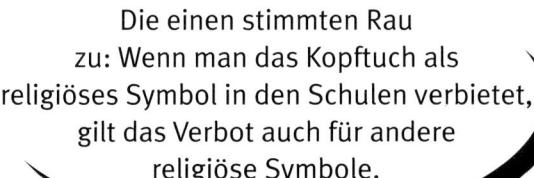

Die einen stimmten Rau zu: Wenn man das Kopftuch als religiöses Symbol in den Schulen verbietet, gilt das Verbot auch für andere religiöse Symbole.

Die Mehrheit hingegen sieht im Kopftuch ein eher politisches Symbol, das für die Unterdrückung der Frau steht und mit der deutschen Kultur nicht vereinbar ist.

1. Führt eine Umfrage in euren Parallelklassen oder an eurer Schule durch! Widerspricht auch hier die Mehrheit der Befragten Rau? Diskutiert das Ergebnis anschließend in eurer Klasse!

2. Darf man christliche und muslimische Symbole wirklich gleichsetzen? Muss man das vielleicht sogar?

© Verlag an der Ruhr / Postfach 10 22 51 / 45422 Mülheim an der Ruhr / www.verlagruhr.de / ISBN 3-8346-0040-7

Handwerkszeug – Erörterung

■ Im Gegensatz zu Deutschland gibt es in Frankreich bereits eine einheitliche gesetzliche Regelung zum Umgang mit religiösen Symbolen an Schulen: Dort ist das Tragen aller deutlich sichtbaren religiösen Symbole wie Kreuz, Kopftuch oder Kippa (Kopfbedeckung jüdischer Männer) für Lehrer und Schüler verboten.

Was haltet ihr von einer solchen Regelung?
Sollte sie auch an unseren Schulen eingeführt werden?

a. Sammelt gemeinsam (evtl. in Kleingruppen) Argumente für und gegen das Verbot von sichtbaren religiösen Symbolen an Schulen. Haltet diese Argumente in Form einer Tabelle fest.

b. Formuliert nun ein Argument eurer Wahl überzeugend aus und tragt es der Klasse vor! Ihr könnt auch eine richtige Podiumsdiskussion mit Diskussionsleiter veranstalten. Beachtet beim Ausformulieren, dass jede Argumentation aus drei Schritten besteht: Behauptung (These), Begründung (Argument) und Beispiel (zur Veranschaulichung). Eine Hilfe ist die Darstellung rechts!

c. Verfasst zu diesem Thema eine Erörterung! Ausgehend von der Tabelle erstellt ihr nun eine **Gliederung**, die eine Einleitung, einen Hauptteil und einen Schluss enthalten sollte. Die **Einleitung** soll das Interesse des Lesers wecken, z.B. durch den Verweis auf aktuelle Ereignisse, auf eine Statistik, durch ein Zitat oder durch einen kurzen historischen Rückblick. Sie endet gewöhnlich mit der Frage des Themas.

Im **Hauptteil** werden die Argumente nach ihrer Wichtigkeit sortiert: Man beginnt mit dem unwichtigsten und endet mit dem überzeugendsten. Seid ihr für das Verbot religiöser Symbole, führt ihr zuerst die Argumente dagegen an; seid ihr gegen das Verbot, beginnt ihr genau umgekehrt. Der Hauptteil endet mit der so genannten „Synthese", einer Abwägung zwischen den Pro- und Contraargumenten. Alle Argumente sollten durch Beispiele gestützt und durch geschickte Überleitungen miteinander verknüpft werden, beispielsweise: *„Wichtig erscheint hierbei …", „Im Gegensatz dazu muss …", „Hier wird deutlich, dass …", „Ferner ist zu erwähnen …".*

Der **Schluss** soll den Aufsatz abrunden. Er kann z.B. einen Ausblick auf die Zukunft geben oder den Gedanken der Einleitung noch einmal aufgreifen.

Behauptung:
Ich finde ein Verbot bezüglich des Tragens von religiösen Symbolen an Schulen nicht richtig, …

Begründung:
… denn die Schule sollte Kinder doch auf ein Leben in unserer Gesellschaft vorbereiten. Dazu gehört auch die Vorbereitung auf die Begegnung und den Umgang mit Andersgläubigen. Schule kann und darf kein wirklichkeitsfremder Raum sein.

Beispiel:
Außerhalb der Schule begegnen den Schülern z.B. häufig muslimische Frauen, die ein Kopftuch tragen. Das werden Jugendliche nicht befremdlich finden, wenn sie diesen religiösen Brauch bereits aus der Schule kennen.

© Verlag an der Ruhr / Postfach 10 22 51 / 45422 Mülheim an der Ruhr / www.verlagruhr.de / ISBN 3-8346-0040-7

Lektürehilfen I

Ihr werdet Lessings „Nathan der Weise" als Klassenlektüre lesen.

1. a. Warum habt ihr euch für das Werk entschieden?
   b. Habt ihr zuvor schon einmal von dem Stück oder
   seinem Autor gehört?
   c. Mit welchen Erwartungen beginnt ihr die Lektüre?
   Haltet eure Gedanken in folgender Schriftrolle
   mit wenigen Worten fest!

Am Schluss der Unterrichtsreihe könnt ihr eure Erwartungen
vor der Lektüre mit den Leseerfahrungen vergleichen.

Schauspiele sind eigentlich nicht zur häuslichen Lektüre gedacht,
sondern sollten auf der Bühne aufgeführt und angeschaut werden.

2. Lest in der Schule gemeinsam Auftritte aus dem Stück mit
   verteilten Rollen! Achtet dabei auf eine sinnvolle Betonung!

Sicher werden euch beim Lesen des Stücks **unbekannte Wörter**
begegnen. Das liegt auch daran, dass es vor über 200 Jahren geschrieben wurde und unsere Sprache sich in dieser Zeit verändert
hat.
Wenn ihr ein Wort nicht kennt oder meint, es bedeutet etwas anderes als heute, dann könnt ihr die Bedeutung nachschlagen! Hinten
im Reclamheft findet ihr Worterklärungen und inhaltliche Erläuterungen. Ihr könnt aber auch zu anderen Lektürehilfen oder einfach zum
Lexikon greifen. Ihr werdet euch relativ schnell an Lessings – uns
etwas altmodisch anmutenden – Sprachstil gewöhnt haben.

© Verlag an der Ruhr / Postfach 10 22 51 / 45422 Mülheim an der Ruhr / www.verlagruhr.de / ISBN 3-8346-0040-7

Lektürehilfe II

Bereits beim ersten Blick in das Buch fällt das **Druckbild** ins Auge:

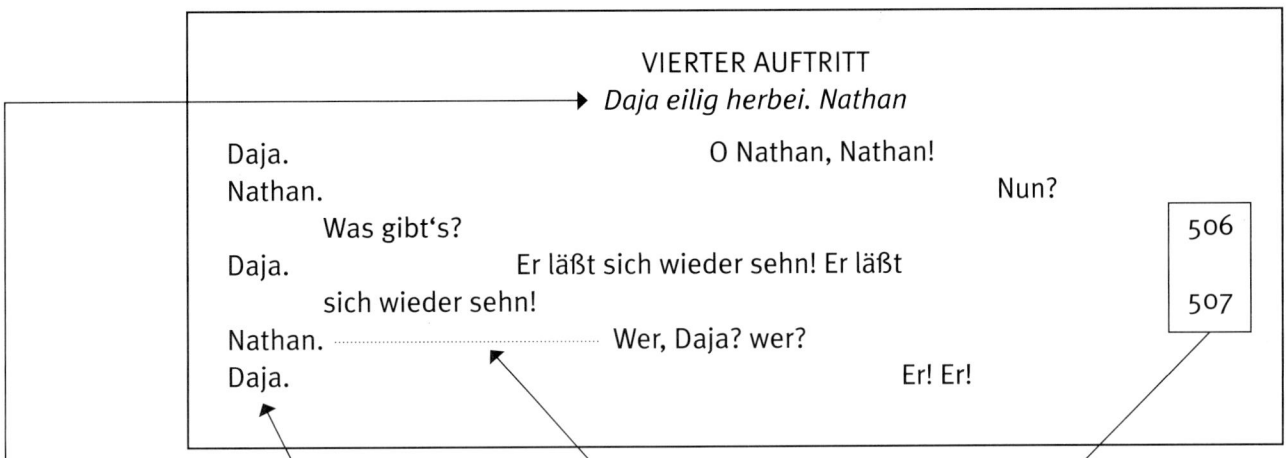

VIERTER AUFTRITT
Daja eilig herbei. Nathan

Daja.   O Nathan, Nathan!
Nathan.   Nun?
          Was gibt's?   **506**
Daja.   Er läßt sich wieder sehn! Er läßt
      sich wieder sehn!   **507**
Nathan. .... Wer, Daja? wer?
Daja.   Er! Er!

● Kursiv gesetzt sind zu Beginn der Auftritte die **Regieanweisungen**, z.B. *Daja eilig herbei. Nathan*. Sie informieren über den Schauplatz, die beteiligten Personen, deren Verhalten usw.

● Am Beginn der Zeilen steht der jeweilige **Sprecher** dieser bzw. der folgenden Zeile.

● Warum aber sind die einzelnen Äußerungen so über die Zeilen verteilt und einzelne Wörter nach rechts eingerückt? Das liegt daran, dass das Werk in so genannten **„Blankversen"** geschrieben ist, also in gebundener Sprache, wie in einem Gedicht. Diesem aus der englischen Literatur übernommenen und sehr flexiblen Versmaß (siehe S. 19) – „blank" bedeutet übrigens „ungereimt" – liegt ein fünfhebiger Jambus[1] (d.h. x $\acute{x}$)[2] zugrunde. Die Verse können entweder männlich (mit einer betonten Silbe = Hebung) oder weiblich (mit einer extra angefügten unbetonten Silbe = Senkung) enden und umfassen entsprechend zehn bzw. elf Silben.

● Am Zeilenende steht die **Versnummerierung**, z.B. 506 oder 507, die man beim Zitieren verwendet. Diese Nummerierung ermöglicht, in verschiedenen Ausgaben des Werkes die gleiche Textstelle schnell zu finden. Vers 505 beginnt bereits in der vorhergehenden Szene und ist hier nur teilweise abgedruckt.

[1] Jambus nennt man einen zweihebigen Versfuß, bei dem auf eine unbetonte eine betonte Silbe folgt; fünfhebiger Jambus meint die Aneinanderreihung von fünf Jamben, also zehn Silben mit fünf Hebungen.

[2] x = unbetonte Silbe = Senkung; $\acute{x}$ = betonte Silbe = Hebung.

© Verlag an der Ruhr / Postfach 10 22 51 / 45422 Mülheim an der Ruhr / www.verlagruhr.de / ISBN 3-8346-0040-7

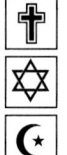

Lektürehilfen III

Bestimmt man für den oben abgedruckten Textabschnitt das Versmaß und markiert die betonten Silben, so sieht das Ergebnis folgendermaßen aus:

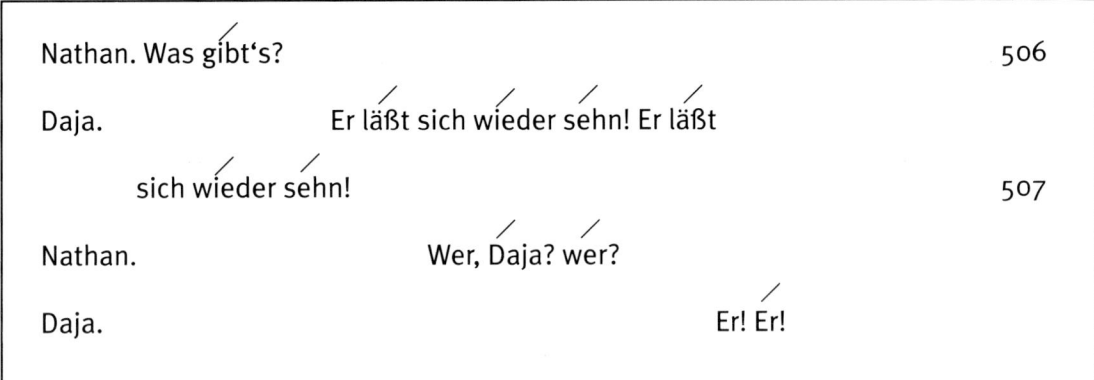

Nathan. Was gíbt's?   506

Daja.   Er läßt sich wíeder sehn! Er läßt

         sich wíeder sehn!   507

Nathan.   Wer, Dája? wer?

Daja.   Er! Er!

1. **Bestimmt für einen beliebigen Textabschnitt das Versmaß wie oben angegeben.**

Typisch für den **Blankvers** sind auch die häufigen Zeilensprünge (Enjambements), d.h. ein Satz erstreckt sich über mehrere Verszeilen. Gleichzeitig verteilt Lessing oftmals einen Vers auf mehrere Sprecher[1] (vgl. V. 507: Daja, Nathan, Daja), was durch Einrückungen kenntlich gemacht wird. Auf diese Weise entsteht das auf den ersten Blick merkwürdig anmutende Druckbild. Durch den Sprecherwechsel innerhalb eines Verses wird der Dialog lebhafter – Frage und Antwort, Rede und Erwiderung folgen rasch aufeinander.

2. **Wenn ihr das Werk bereits gelesen habt, könnt ihr oben eure Eindrücke festhalten: Wie hat es euch gefallen? Welche Fragen bleiben offen? Zu welchen Themen hättet ihr gerne genauere Informationen?**

[1] Man nennt das „Hakenstil".

 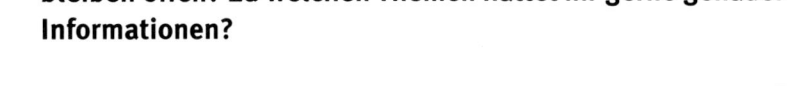

© Verlag an der Ruhr / Postfach 10 22 51 / 45422 Mülheim an der Ruhr / www.verlagruhr.de / ISBN 3-8346-0040-7

Überblick über die Auftritte

Übertragt die nachfolgende Tabelle in euer Heft und vervollständigt sie!

Die folgende Tabelle bietet euch die Möglichkeit, während der Lektüre des Stückes den Inhalt in Stichpunkten festzuhalten. So könnt ihr eine Inhaltsübersicht anfertigen, die während der Arbeit mit dem Buch sehr hilfreich sein wird: Man kann z.B. schnell feststellen, in welchen Szenen eine bestimmte Person auftritt, um eine Personencharakterisierung zu verfassen.

Aufzug und Auftritt	Personen	Handlung
I/1 (V. 1–168)		
I/2 (V. 169–375)		
I/3 (V. 376–505)		
I/4 (V. 506–531)		

© Verlag an der Ruhr / Postfach 10 22 51 / 45422 Mülheim an der Ruhr / www.verlagruhr.de / ISBN 3-8346-0040-7

Handwerkszeug – Inhaltsangabe

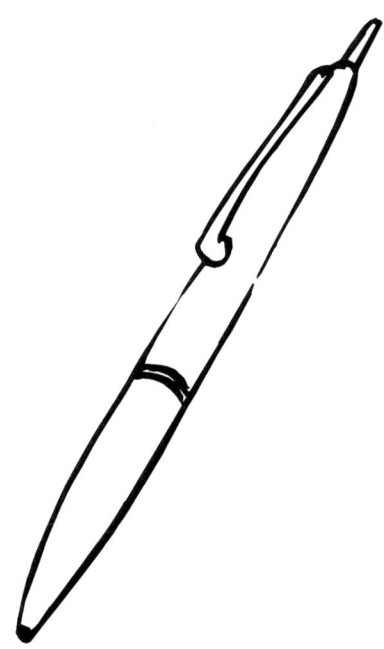

▌ Ihr wart mit eurer Klasse im Theater und habt eine Aufführung von „Nathan der Weise" gesehen. Als ihr nach Hause kommt, wollen eure Eltern wissen, worum es in dem Stück eigentlich geht.

1. Sucht nach ähnlichen Situationen, in denen ihr die Handlung eines Films, eines Schauspiels oder eines Buches zusammenfassend wiedergeben sollt!

2. Wodurch unterscheidet sich die Inhaltsangabe jeweils von Bericht, Protokoll und Nacherzählung?

3. Verfasst für eure Schülerzeitung eine Lektüreempfehlung, in der ihr den Inhalt des Werkes zusammenfasst und ganz zum Schluss erklärt, warum die Thematik des „Nathan" heute noch so aktuell ist.

Eine **Inhaltsangabe** fasst die wesentlichen Aussagen eines Textes zusammen. So sollen Personen, die den Text nicht gelesen haben, knapp aber vollständig über Inhalte und Zusammenhänge informiert werden. Die Inhaltsangabe gehört zu den sachlichen Textarten, d.h. sie enthält keine persönlichen Meinungsäußerungen und keine stilistischen Ausschmückungen.

Arbeitsschritte zur Inhaltsangabe:

1. **Den Text genau lesen:** Lest den Text so genau, dass ihr den Inhalt und die Zusammenhänge vollständig verstanden habt. Dazu kann es notwendig sein, den Text mehrfach zu lesen und unbekannte Wörter nachzuschlagen. W-Fragen (Wer?, Wann?, Wo?, Was?) können helfen, die Handlung des Textes zu erfassen. Genauso gut kann die Gliederung in Sinnabschnitte eine Hilfestellung sein.

2. **Wichtiges markieren:** Entscheidet nun, welche Informationen für den Leser wichtig sind. Berücksichtigt hierbei, dass er den Text nicht kennt. Am besten unterstreicht ihr die entscheidenden Textstellen.

3. **Einen Schreibplan erstellen:** Tragt nun auf einem Zettel in Stichpunkten zusammen, was in die Inhaltsangabe gehört. Dabei kann es notwendig sein, die Informationen aus dem Text in der Reihenfolge umzustellen, weil der Text z.B. keine chronologische Abfolge der Ereignisse bietet.

4. **Die Inhaltsangabe ausformulieren:** Schreibt nun ausgehend von den Stichpunkten die Inhaltsangabe. Denkt dabei an folgende Regeln:
   • Die **Einleitung** einer Inhaltsangabe – der so genannte **„Basissatz"** – informiert über Titel, Autor, Textsorte und Entstehungsjahr des Textes. Daneben werden Ort und Zeitpunkt der Handlung angegeben. Zudem werden hier Thematik und Kernaussage des Textes kurz benannt.
   • Die Inhaltsangabe steht immer im **Präsens**; für die Vorzeitigkeit verwendet man Perfekt (z.B. *Nachdem Nathan von seiner Reise zurückgekehrt ist, erfährt er von Rechas Rettung aus dem brennenden Haus.*).
   • In der Inhaltsangabe wird die **indirekte** statt der direkten **Rede** verwendet (z.B. *Saladin fragt Nathan, welcher Glaube ihm am meisten eingeleuchtet habe.*).

© Verlag an der Ruhr / Postfach 10 22 51 / 45422 Mülheim an der Ruhr / www.verlagruhr.de / ISBN 3-8346-0040-7

Aus Lessings Jugend

▌Lessing stand einmal vor der Frage, ob er sein Leben radikal verändern sollte:

1. Was veranlasst Menschen dazu, ihr Leben radikal zu verändern, d.h. einen neuen Beruf auszuüben, in eine fremde Stadt zu ziehen usw.? Sammelt in Gruppenarbeit Gründe!

Hochzuehrende Frau Mutter!   Im Januar 1749

[...] Erlauben Sie mir derohalben, daß ich nur mit wenigen Zügen Ihnen meinen ganzen Lebenslauf auf Universitäten abmalen darf; [...]. Ich komme jung von Schulen, in der gewissen Überzeugung, daß mein ganzes Glück in den Büchern bestehe. Ich komme nach Leipzig [...]. Ich lebte die ersten Monate so eingezogen, als ich in Meißen nicht gelebt hatte. Stets bei den Büchern, nur mit mir selbst beschäftigt, dachte ich eben so selten an die übrigen Menschen als vielleicht an Gott. [...] Doch es dauerte nicht lange, so gingen mir die Augen auf: soll ich sagen, zu meinem Glücke oder zu meinem Unglücke? Die künftige Zeit wird es entscheiden. Ich lernte einsehen, die Bücher würden mich wohl gelehrt, aber nimmermehr zu einem Menschen machen. Ich wagte mich von meiner Stube unter meinesgleichen. Guter Gott! was vor eine Ungleichheit wurde ich zwischen mir und andern gewahr. Eine bäuersche Schichternheit, ein verwilderter und ungebauter Körper, eine gänzliche Unwissenheit in Sitten und Umgange, verhaßte Mienen, aus welchen jedermann seine Verachtung zu lesen glaubte, das waren die guten Eigenschaften, die mir bei meiner eignen Beurteilung übrig blieben. [...] Und die Wirkung derselben war der feste Entschluß, mich hierinne zu bessern, es koste, was es wolle. [...] Ich lernte tanzen, fechten, voltigieren. Ich kam bei diesen Übungen so weit, daß mich diejenigen, die mir im Voraus alle Geschicklichkeit darinnen absprechen wollten, einigermaßen bewunderten. Dieser gute Anfang ermunterte mich heftig. Mein Körper war ein wenig geschickter geworden, und ich suchte Gesellschaft, um nun auch leben zu lernen. [...]

Dero gehorsamster Sohn Lessing

Wolfgang Drews: Gotthold Ephraim Lessing. Hamburg 2001[27]. S. 13–18.

2. Ordnet diesen Briefauszug in die Biografie auf der nächsten Seite ein. Welchen wichtigen Entschluss will Lessing seiner Mutter hier erklären?

3. Inwiefern könnt ihr Lessings Entscheidung verstehen?

4. Versetzt euch in die Lage von Lessings Mutter und verfasst einen Antwortbrief! Überlegt dabei:
a. Lessing stellt große Unterschiede zwischen sich und seinen Mitstudenten fest. Sind andere der richtige Maßstab, nach dem man sich im Leben richten muss?

b. *„Ich lernte einsehen, die Bücher würden mich wohl gelehrt, aber nimmermehr zu einem Menschen machen.“*
Was will Lessing mit dieser Aussage ausdrücken? Würdet ihr ihm zustimmen?

© Verlag an der Ruhr / Postfach 10 22 51 / 45422 Mülheim an der Ruhr / www.verlagruhr.de / ISBN 3-8346-0040-7

Wichtige Stationen in Lessings Leben

22.1.1729	Geburt in Kamenz in der Oberlausitz als drittes von zwölf Kindern des evangelisch-lutherischen Pfarrers Johann Gottfried Lessing und der Pfarrerstochter Justina Salome Feller
1741–46	Besuch der Fürstenschule St. Afra in Meißen; erste Entwürfe zum Theaterstück „Der junge Gelehrte"
1746–48	Studium der Theologie und Philosophie in Leipzig; ab Ostern 1748 kurzes Medizinstudium
1748	Aufführung des Dramas „Der junge Gelehrte" mit großem Erfolg; nach kurzer Wiederaufnahme des Medizinstudiums der Entschluss, Berufsschriftsteller zu werden
1748–51	Umzug nach Berlin; Mitarbeiter und Mitherausgeber bei verschiedenen Zeitungen
1751–52	Philosophische Magisterarbeit in Wittenberg
1752–60	Leben in Berlin mit kurzen Unterbrechungen für Reisen und Besuche
1760–65	Im Siebenjährigen Krieg Kriegssekretär in den Diensten des Kommandanten von Breslau, zuständig für den Briefwechsel mit dem Hof in Berlin, jedoch weiterhin Pazifist[1]
1767–70	Dramaturg am neu gegründeten Deutschen Nationaltheater in Hamburg; baldiges finanzielles Scheitern des Projekts
1770–81	Wegen hoher Verschuldung Aufgabe des Lebens als freier Schriftsteller; Bibliothekar an der herzoglichen Bibliothek des Braunschweiger Hofs in Wolfenbüttel
1774–78	Veröffentlichung der „Fragmente eines Ungenannten"
1776	Heirat mit Eva König
1777	An Weihnachten Geburt eines Sohnes, der nach nur einem Tag stirbt
1778	Im Januar Tod von Eva König an den Folgen der Geburt
1779	„Nathan der Weise", ein Gedicht in fünf Aufzügen
15.2.1781	Tod Lessings in Braunschweig

[1] Pazifismus = Ablehnung von kriegerischen Handlungen und das Bestreben, einen Krieg zu vermeiden. Lessings Erfahrungen mit dem Soldatenmilieu fließen später in das Stück „Minna von Barnhelm" ein.

Stell dir vor, du musst ein Kurzreferat (siehe folgende Seite) über Lessing halten. Weil du von Lessing sehr beeindruckt bist, möchtest du seine Verdienste besonders herausstellen. Überlege dabei, welche Erfahrungen G.E. Lessing besonders geprägt haben!

© Verlag an der Ruhr / Postfach 10 22 51 / 45422 Mülheim an der Ruhr / www.verlagruhr.de / ISBN 3-8346-0040-7

Handwerkszeug – Referat

1. **Informiere dich (z.B. in einem Literatur- oder Autorenlexikon), welche anderen wichtigen Werke G.E. Lessing verfasst hat.**

2. **Wähle eines der Werke aus und stelle es deiner Klasse in einem Referat vor.**
   Eine Buchvorstellung sollte
   - eine gegliederte **Inhaltsangabe**,
   - die Vorstellung der **Hauptpersonen**,
   - **Hintergrundinformationen** (z.B. zum Zeitpunkt der Entstehung oder der Handlung) sowie
   - die **Kernaussage** des Werkes beinhalten.

Tipps zur Vorbereitung:

▸ **Lies dir das Buch**, für das du dich entschieden hast, **im Original durch**! Du kannst es in der Buchhandlung bestellen oder in der Bücherei ausleihen!

▸ Suche dir **zusätzliche Informationen** in der so genannten Sekundärliteratur (z.B. im Lexikon, einer Literaturgeschichte, anderen Nachschlagewerken, Erläuterungen).

▸ Versuche, alle offenen Fragen zu klären, bis du die **Handlung** und die **Grundaussage** des Werkes verstanden hast!

▸ **Gliedere nun den erarbeiteten Stoff**; trenne dabei Wichtiges von Unwichtigem und berücksichtige die Zeitvorgabe deines Referates (max. 15 Minuten). Vermeide zu viele „trockene" Daten und Fakten und bemühe dich um Anschaulichkeit.

▸ Schreibe einen Spickzettel mit den wichtigsten Stichwörtern für deinen Vortrag! Hierfür eignen sich **Karteikärtchen** gut, da sie sich unauffällig in der Hand halten lassen.

▸ Falls du ein **Thesenpapier** für deine Mitschüler erstellen musst, bemühe dich um fehlerfreie Grammatik und Orthographie und um eine übersichtliche Darstellung. Denke auch an deinen Namen, das aktuelle Datum und an die Angabe der benutzten Sekundärliteratur (bei Quellen im Internet die Links angeben). **Wichtig:** Es kommt weniger darauf an, möglichst viel Sekundärliteratur zu sammeln und vorzutragen, als vielmehr darauf, selbst das Werk aufmerksam zu lesen und eigene (kritische) Gedanken vorzubringen.

Tipps für den Vortrag:

▸ Dein Referat sollte nicht länger als 15 Minuten dauern! Sprich das Referat mindestens drei Mal zu Hause durch, damit du einen **Zeitüberblick** hast.

▸ Rede deine Zuhörer direkt an. Versuche z.B. durch Blickkontakt, Anrede usw. ihr **Interesse** zu wecken!

▸ Benenne das Thema deines Vortrages. Eine **klare Gliederung** erleichtert das Zuhören; also stelle sie den Zuhörern kurz vor.

▸ Trage das Referat möglichst **frei** vor! Sprich langsam, deutlich und betont. Bilde kurze, überschaubare Sätze.

▸ Unterstreiche deinen Vortrag möglichst durch passende **Mimik** (Gesichtsausdruck) und **Gestik** (Handbewegungen)!

▸ Verwende **Hilfsmittel** wie Tafel oder Overheadprojektor zur Veranschaulichung des Inhalts. Du kannst z.B. ein Schaubild zur Personenkonstellation aufzeichnen oder wichtige Namen anschreiben.

▸ Trage kurze wichtige **Passagen** (so genannte Schlüsselstellen) aus dem Buch vor, damit deine Zuhörer einen Eindruck vom Stil des Werkes bekommen!

> **Tipp:** Es gibt noch viele andere spannende Referatsthemen, die im Zusammenhang mit „Nathan" stehen; Anregungen hierzu findest du in anderen Kapiteln des Buches.

© Verlag an der Ruhr / Postfach 10 22 51 / 45422 Mülheim an der Ruhr / www.verlagruhr.de / ISBN 3-8346-0040-7

Schule im Zeitalter der Aufklärung

Vergleicht die beiden abgedruckten Schulordnungen miteinander:

• Zu welcher Zeit hättet ihr lieber die Schule besucht?
• Wie hat sich in diesen zweihundert Jahren der Schulalltag verändert?
• Welche Lerninhalte und welche Lernziele stehen jeweils im Vordergrund?
• Welche Schulordnung haltet ihr für sinnvoller? Begründet eure Meinung!

Die schlesische Schulordnung ist geprägt von einer geistigen Bewegung, die seit Beginn des 18. Jhs. von England und vor allem Frankreich nach Deutschland eindrang und die man seit ca. 1770 als **„Aufklärung"** bezeichnete. Auch wenn Lessings Schulbesuch früher zu datieren ist als die abgedruckte Schulordnung, so waren Lessings Denken und sein Werk doch ganz stark von den Gedanken der Aufklärung beeinflusst. Daher lohnt es sich zu fragen, was diese geistige Strömung eigentlich ausmacht.

Ungefähr so ging es zu Lessings Lebzeiten in der Schule zu:

Kath. Schulreglement für Schlesien 1765

4. Der Direktor muß trachten, daß in seiner Schule alles, was man daselbst lehrt a. gründlich, b. vorteilhaft und c. so wie es im gemeinen Leben gebraucht und unten näher bestimmt wird, gelehrt und gelernt wird. Er muß demnach beflissen sein, daß der Lehrer seinen Schülern von allen Dingen den Grund angebe und daß er fleißig darüber halte, damit auch der Lernende die angegebenen Gründe einsehen und auf Befragen wieder anzugeben imstande sein möge. Er muß sich bestreben, daß nicht, wie bisher meist geschehen, bloß das Gedächtnis der Schüler angefüllt, sondern deren Verstand aufgeklärt und geübt werde.

200 Jahre früher sah der Schulalltag noch ganz anders aus:

Stralsunder Schulordnung 1560

7 h Um sieben, gleich wenn sie aus der Kirche gekommen sind, soll der deutsche Praeceptor (Vorbeter) mit ihnen das Morgengebet beten: Ich danke dir mein himmlischer Vater etc. Danach sollen sie den Text des Katechismus[1], die Zehn Gebote, den Glauben etc. sämtlich rezitieren. Wenn solches geschehen ist, soll sie der Praeceptor die Auslegung lernen lassen und sie alle Mittwoche und Sonnabende abhören.

8 h Um acht sollen sie ihre Lektion lernen und schreiben bis neun.

9 h Um neun sagen sie dem Praeceptor und dem Korrektor die Lektion auf und zeigen ihr Schreiben …

10 h Um zehn examiniert der deutsche Praeceptor abermals absentes et serovenientes, läßt sie beten und fein züchtig mit den lateinischen Schülern nach Hause gehen.

12 h Um zwölf lernen sie Briefe lesen und schreiben.

1 h Um eines sagen sie die Briefe auf und zeigen ihre Schrift dem deutschen Praeceptor und dem oberen Concentor (Lehrplanmacher).

2 h Um zwei soll ihnen der deutsche Praeceptor eine deutsche Sentenz aus den Sprüchen Salomoni oder Jesus Sirach [Bibeltexte] ans Brett schreiben, die sie alsbald abschreiben und auswendig lernen sollen und des anderen Tages nach sieben aufsagen.

[1] Gemeint ist das Buch von Martin Luther zur Glaubensunterweisung. Es enthält z.B. die Zehn Gebote und das Glaubensbekenntnis.

© Verlag an der Ruhr / Postfach 10 22 51 / 45422 Mülheim an der Ruhr / www.verlagruhr.de / ISBN 3-8346-0040-7

Was ist Aufklärung? I

1. **Tauscht euch darüber aus, was wir heute unter „Aufklärung"
   verstehen!**
   - Würdest du dich als aufgeklärten Menschen bezeichnen?
   - Von wem/wodurch wurdest du aufgeklärt?
     Wie alt warst du?
   - Sprich mit deinen Eltern bzw. wenn möglich mit deinen Groß-
     eltern: In welchem Alter und durch wen wurden sie aufgeklärt?
     Versuche herauszufinden, inwiefern sich der Umgang mit der
     Sexualität in unserer Gesellschaft verändert hat und wann und
     wodurch es dazu gekommen ist.

▌1784 unternahm der Königsberger Philosoph **Immanuel Kant**
(1724–1804) einen berühmt gewordenen Versuch, den Begriff
„Aufklärung" zu definieren, und lieferte damit sozusagen die
Programmschrift des Zeitalters:

„Aufklärung ist der Ausgang des Menschen aus seiner selbst verschuldeten Unmündigkeit. Unmündigkeit ist das Unvermögen, sich seines Verstandes ohne
Leitung eines anderen zu bedienen. Selbstverschul-
det ist diese Unmündigkeit, wenn die Ursache derselben nicht am Mangel des Verstandes, sondern der
Entschließung und des Mutes liegt, sich seiner ohne
Leitung eines anderen zu bedienen. Sapere aude!

Habe Mut, dich deines eigenen Verstandes zu bedienen! ist also der Wahlspruch der Aufklärung. Faulheit
und Feigheit sind die Ursachen, warum ein so großer
Teil der Menschen gerne zeitlebens unmündig bleiben.
Es ist so bequem, unmündig zu sein. [...]"

Immanuel Kant, Beantwortung der Frage: Was ist Aufklärung. In: Wilhelm Weischedel: Immanuel Kant. Werkausgabe Band XI. Frankfurt 1982. S. 53ff. Stark gekürzt.

2. **Wie definiert Kant den Begriff „Aufklärung"?**

3. **Warum hat die Aufklärung seiner Meinung nach
   noch nicht stattgefunden?**

4. **Stellt gemeinsam Vermutungen an, warum der Begriff Aufklärung heute eine ganz andere Bedeutung hat als damals!**

© Verlag an der Ruhr / Postfach 10 22 51 / 45422 Mülheim an der Ruhr / www.verlagruhr.de / ISBN 3-8346-0040-7

Was ist Aufklärung? II

Kant hat in seinen Ausführungen den Begriff der Aufklärung noch genauer definiert:

„[…] Faulheit und Feigheit sind die Ursachen, warum ein so großer Teil der Menschen gerne zeitlebens unmündig bleiben. Es ist so bequem, unmündig zu sein. Habe ich ein Buch, das für mich Verstand hat, einen Seelsorger, der für mich Gewissen hat, einen Arzt, der für mich die Diät beurteilt, usw., so brauche ich mich ja nicht selbst zu bemühen. Ich habe nicht nötig zu denken, wenn ich nur bezahlen kann; andere werden das verdrießliche Geschäft schon für mich übernehmen. Daß der bei weitem größte Teil der Menschen (darunter das ganze schöne Geschlecht) den Schritt zur Mündigkeit, außer dem daß er beschwerlich ist, auch für sehr gefährlich halte: dafür sorgen schon jene Vormünder, die die Oberaufsicht über sie gütigst auf sich genommen haben. Daher gibt es nur wenige, denen es gelungen ist, durch eigene Bearbeitung ihres Geistes sich aus der Unmündigkeit heraus zu wickeln, und dennoch einen sicheren Gang zu tun. Daß aber ein Publikum sich selbst aufkläre, ist eher möglich; ja es ist, wenn man ihm nur Freiheit läßt, beinahe unausbleiblich. Denn da werden sich immer einige Selbstdenkende finden, welche den Geist einer vernünftigen Schätzung des eigenen Werts und des Berufs jedes Menschen, selbst zu denken, um sich verbreiten werden.

Zu dieser Aufklärung aber wird nichts erfordert als Freiheit; und zwar die unschädlichste unter allem, was Freiheit heißen mag, nämlich die: von seiner Vernunft in allen Stücken öffentlichen Gebrauch zu machen. Nun höre ich aber von allen Seiten rufen: räsonniert nicht! Der Offizier sagt: räsonniert nicht, sondern exerziert! Der Finanzrat: räsonniert nicht, sondern bezahlt! Der Geistliche: räsonniert nicht, sondern glaubt!

Hier ist überall Einschränkung der Freiheit. Welche Einschränkung aber ist der Aufklärung hinderlich? welche nicht, sondern ihr wohl gar beförderlich? – Ich antworte: der öffentliche Gebrauch seiner Vernunft muß jederzeit frei sein, und der allein kann Aufklärung unter Menschen zu Stande bringen.

Wenn nun gefragt wird: Leben wir jetzt in einem aufgeklärten Zeitalter? so ist die Antwort: Nein, aber wohl in einem Zeitalter der Aufklärung. Daß die Menschen, wie die Sachen jetzt stehen, im ganzen genommen, schon im Stande wären, oder darin auch nur gesetzt werden könnten, in Religionsdingen sich ihres eigenen Verstandes ohne Leitung eines andern sicher und gut zu bedienen, daran fehlt noch sehr viel. Allein, daß jetzt ihnen doch das Feld geöffnet wird, sich dahin frei zu bearbeiten, und die Hindernisse der allgemeine Aufklärung, oder des Ausganges aus ihrer selbst verschuldeten Unmündigkeit, allmählich weniger werden, davon haben wir doch deutliche Anzeigen. In diesem Betracht ist dieses Zeitalter das Zeitalter der Aufklärung. Die Menschen arbeiten sich von selbst nach und nach aus der Rohigkeit heraus, wenn man nur nicht absichtlich künstelt, um sie darin zu erhalten. Wenn die Natur den Hang und Beruf zum freien Denken ausgewickelt hat: so wirkt dieser allmählich zurück auf die Sinnesart des Volkes und endlich sogar auf die Grundsätze der Regierung, die es ihr selbst zuträglich findet, den Menschen seiner Würde gemäß zu behandeln. […]"

Immanuel Kant, Beantwortung der Frage: Was ist Aufklärung. Aus: Wilhelm Weischedel: Immanuel Kant. Werkausgabe Band XI. Frankfurt 1982. S. 53ff. Stark gekürzt.

1. **Worin liegt nach Kants Meinung die Grundvoraussetzung für die Verwirklichung von Aufklärung? Inwiefern war diese Forderung Kants damals revolutionär? Um diese Frage beantworten zu können, müsst ihr euch vermutlich näher über** die zeitgeschichtlichen Hintergründe der Epoche der Aufklärung informieren. Recherchiert bei **www.wikipedia.de** zum Stichwort „Aufklärung"!

2. **Beschreibt das Menschenbild Kants! Sieht er die** menschliche Natur eher optimistisch oder pessimistisch?

3. **Wie schätzt Kant den Grad der gesellschaftlichen Aufgeklärtheit zurzeit der Abfassung seines Artikels ein?**

© Verlag an der Ruhr / Postfach 10 22 51 / 45422 Mülheim an der Ruhr / www.verlagruhr.de / ISBN 3-8346-0040-7

Grundgedanken der Aufklärung I

Tipp: Vielleicht hast du ja Lust, das Kapitel „Die Aufklärung" im Original nachzulesen. Die Literaturangabe zu „Sofies Welt" findest du auf der folgenden Seite!

In seinem Buch „Sofies Welt" erklärt Jostein Gaarder die Epoche der Aufklärung anhand folgender sieben Grundgedanken:

1. **Stellt die Grundgedanken der Aufklärung von Gaarder symbolisch in kleinen Bildern dar!**
2. **Überlegt, ob alle Ideale der Aufklärung wirklich so erstrebenswert sind, wie damals behauptet wurde!**

„Aufstand gegen die Autoritäten"

Wie auch Kant in seiner Definition von Aufklärung betont, nahm man die Bevormundung des Einzelnen durch Staat, Adel und Klerus (Geistlichkeit), wie sie im absolutistischen Staat herrschte, nicht mehr einfach hin, sondern wehrte sich dagegen. So forderten die Anhänger der Französischen Revolution im Jahr 1789 folgerichtig „liberté, égalité, fraternité", also Gleichheit, Freiheit und Brüderlichkeit aller Menschen.

„Rationalismus"

Die Aufklärungsphilosophen glaubten unerschütterlich an die menschliche Vernunft (lateinisch: *ratio*), denn die neueren Naturwissenschaften hatten festgestellt, dass die Natur vernünftig organisiert war. Nun sollte die Vernunft auch die Grundlage für das menschliche Zusammenleben bilden.

„Der Gedanke der Aufklärung"

Man sah die Aufklärung breiter Volksschichten als wichtigste Voraussetzung einer allgemeinen Aufklärung an. Daher wurde die Erziehung in den Mittelpunkt der Aufmerksamkeit gerückt; es entstand die Erziehungswissenschaft, die Pädagogik. Daneben wurden viele Lexika, so genannte „Enzyklopädien", verfasst, die der Aufklärung des breiten Volkes dienen sollten.

© Verlag an der Ruhr / Postfach 10 22 51 / 45422 Mülheim an der Ruhr / www.verlagruhr.de / ISBN 3-8346-0040-7

Grundgedanken der Aufklärung II

„Kulturoptimismus"

Man glaubte damals fest daran, dass sich die Menschheit nach der Ausbreitung der Aufklärung und der Durchsetzung der Vernunft auf allen Gebieten nur zum Guten fortentwickeln könne.

„Zurück zur Natur"

Dieses Schlagwort des französischen Philosophen Jean Jacques Rousseau basiert auf der Auffassung, die Natur und somit auch der Mensch seien von sich aus gut und man müsse nur zurück zu einem möglichst ursprünglichen Zustand gelangen. Die Kindheit wurde so als wertvolle Entwicklungsphase des Menschen angesehen; Kinder wurden nicht mehr zu kleinen Erwachsenen stilisiert, wie man auch in der Malerei sehen kann. Gärten wurden nicht mehr, wie an den absolutistischen Höfen, in Form gestutzt, sondern es entstanden natürlich wirkende Parkanlagen, in denen der Natur weitgehend freier Lauf gelassen wurde.

„Humanistisches Christentum"

Man schloss aus der Tatsache, dass die Welt vernünftig eingerichtet ist, auf das Vorhandensein Gottes. Die so genannten „Deisten" glaubten nur noch an einen vernünftig zu erkennenden Gott, der am Anfang die Welt erschaffen hat, sich jedoch nicht – wie unser biblischer Gott – auf übernatürliche Weise den Menschen offenbart. Gleichzeitig sollte die Kirchengeschichte von unvernünftig erscheinenden Dogmen (Lehrsätzen), die die ursprüngliche biblische Botschaft verfremden, entrümpelt werden.

„Menschenrechte"

Man kämpfte – wie es sich auch in den Forderungen der Französischen Revolution widerspiegelt – für die Rechte des Individuums, also vor allem für die Freiheit des Denkens und der Meinungsäußerung, die heute in unserem Grundgesetz verankert sind. Gleichzeitig begannen auch die Frauen, sich für ihre Gleichberechtigung auf allen Gebieten einzusetzen.

Jostein Gaarder: Sofies Welt. Roman über die Geschichte der Philosophie. München 1993. S. 369–376.

© Verlag an der Ruhr / Postfach 10 22 51 / 45422 Mülheim an der Ruhr / www.verlagruhr.de / ISBN 3-8346-0040-7

Die politischen Folgen der Aufklärung I

Vorgeschichte: Der Absolutismus

Der hier abgebildete Ludwig XIV. von Frankreich (1638–1715) gilt als der absolutistische Monarch schlechthin. Mit dem Begriff **„Absolutismus"** bezeichnet man eine im 17. und 18. Jh. in Europa weit verbreitete Form der Monarchie, in der der König absoluter Herrscher war und sich lediglich vor seinem Gewissen und Gott, als dessen Stellvertreter er sich sah, verantwortlich fühlte. Somit war der Monarch oberster Gesetzgeber und zugleich Richter im Land. Allein der Willen des Königs war Maßstab für alle Entscheidungen. Deutlich wird das in einem programmatischen Ausspruch Ludwig XIV.: „L'état, c'est moi [Der Staat bin ich.]." Als Sinnbild für die Macht Ludwigs XIV. galt die Sonne, die er zu seinem Wahrzeichen erkor; daher trägt er auch den Beinamen „der Sonnenkönig".

Ihr seht hier König Ludwig XIV. von Frankreich (1638–1715).

1. Betrachtet das Bild genau und beschreibt, wie sich der König darstellen ließ und was er damit beabsichtigte!

2. Was kann man aus der Art der Darstellung über den Charakter und den Regierungsstil des Königs schließen?

Die Staatstheorien der Aufklärer

Die Gedanken der Aufklärung veränderten langsam auch die Auffassung vom Staatswesen. Gerade die Theorie, dass der König seine absolute Stellung von Gottes Gnade ableitet, stieß auf die Kritik der Aufklärer. Nach Meinung der Aufklärer entsteht nämlich der Staat durch einen zwischen den Menschen geschlossenen „Gesellschafts-vertrag", der Frieden und Sicherheit im Zusammenleben der Menschen sichern soll. Dies ist nötig, da nach Meinung des Philosophen Thomas Hobbes jeder Mensch sich dem anderen gegenüber wie ein Wolf verhält. Im Rahmen dieses Gesellschafts-vertrages überträgt der einzelne Bürger seine Macht auf eine oder mehrere Personen, die den Staat regieren. Oberstes Regie-rungsziel ist das Wohl des Volkes. Deshalb hat sich der einzelne Bürger Mehrheitsbe-schlüssen zu fügen, die dem Wohl des Volkes dienen. Um die Übermacht eines Einzelnen im Staat zu verhindern und somit die Freiheit des einzelnen Bürgers zu sichern, entstand die Idee von der Gewaltenteilung: Gesetzgebung (Legislative), Rechtsprechung (Judikative) und ausführende Gewalt (Exekutive) dürfen nicht – wie im Absolutis-mus – in der Macht einer Person oder Institution vereinigt sein. Das Prinzip der Gewaltenteilung ist heute in allen modernen Demokratien verwirklicht.

© Verlag an der Ruhr / Postfach 10 22 51 / 45422 Mülheim an der Ruhr / www.verlagruhr.de / ISBN 3-8346-0040-7

Die politischen Folgen der Aufklärung II

Der aufgeklärte Absolutismus

Die Aufklärer hatten jedoch kein gemeinsames politisches Ziel: Revolution oder Reformen, beides konnten Folgen der Aufklärung sein – je nach den politischen Gegebenheiten. Während es in Frankreich 1789 zur Revolution kam, wandelte sich vor allem in Preußen und Österreich der klassische Absolutismus in den aufgeklärten Absolutismus. Friedrich II. von Preußen, der als typischer Vertreter des aufgeklärten Absolutismus gilt, sah seine Rolle im Staat folgendermaßen:

Friedrich II.

„Eine gut geleitete Staatsregierung muss ein festgefügtes System haben. Finanzen, Politik und Heerwesen müssen ein gemeinsames Ziel ansteuern: die Stärkung des Staates und das Wachstum seiner Macht. Ein System kann aber nur einem Kopf entspringen; also muss es aus dem des Herrschers hervorgehen. Trägheit, Vergnügungssucht und Dummheit: Diese drei Ursachen hindern die Fürsten in ihrem edlen Beruf, für das Glück ihrer Völker zu wirken. Man hat dem Herrscher nicht die höchste Macht anvertraut, damit er sich vom Mark des Volkes mäste und glücklich sei, während alles darbt. Der Herrscher ist der erste Diener des Staates. Man fordert von ihm, dass er eifrig für das Wohl des Volkes arbeite und wenigstens die Hauptgeschäfte mit Sorgfalt leite."

Friedrich der Große, Das politische Testament von 1752. Übersetzt von Friedrich von Oppeln-Bronikowski. Stuttgart 1974. S. 52f.

Friedrich II. stellt also die absolute Macht des Monarchen nicht in Frage, ist aber in Folge der Aufklärung gezwungen, seine Stellung im Staat rational zu begründen. Das Hauptanliegen eines aufgeklärten absolutistischen Herrschers bestand darin, für das Glück seines Volkes zu sorgen.

**Stellt euch vor, ihr seid aufgeklärte absolutistische Monarchen.
Ihr sollt porträtiert werden. Wie würdet ihr euch darstellen lassen?**

© Verlag an der Ruhr / Postfach 10 22 51 / 45422 Mülheim an der Ruhr / www.verlagruhr.de / ISBN 3-8346-0040-7

Handwerkszeug – Literarische Erörterung

„Nathan der Weise" – ein typisches Werk der Aufklärung?

Auf den Seiten 28/29 findest du sieben Grundgedanken der Aufklärung von Jostein Gaarder:

	0	1	2	3	4	5
Aufstand gegen die Autoritäten						
Rationalismus						
Der Gedanke der Aufklärung						
Kulturoptimismus						
Zurück zur Natur						
Deismus						
Menschenrechte						

1. **Untersucht, inwieweit Lessing diese Gedanken in „Nathan der Weise" aufgegriffen und umgesetzt hat. Sucht in Gruppenarbeit passende Textbelege (Zitate oder ganze Auftritte) für jeden Grundgedanken!**

2. **Tragt hiernach in die Tabelle (oben) ein, inwieweit ihr die Grundgedanken im Drama umgesetzt seht (0 = gar nicht; 1 = wenig; ... 5 = sehr).**

3. **Verfasst anschließend eine literarische Erörterung zu dem Thema „Nathan der Weise – ein typisches Werk der Aufklärung?".**

Eine **literarische Erörterung** unterscheidet sich nur wenig von der Problemerörterung (siehe S. 16), die ihr bereits kennt. Auch bei der literarischen Erörterung geht es darum, eine Fragestellung zu erörtern. Allerdings wird das gestellte Thema nun auf der Grundlage eines literarischen Werkes behandelt: Die Thesen, die man aufstellt, muss man also durch Textverweise und Zitate belegen. Das setzt – wie ihr euch sicher denken könnt – eine sehr genaue Textkenntnis voraus. Arbeitsschritte und Aufbau sind jedoch wie bei der Problemerörterung.

© Verlag an der Ruhr / Postfach 10 22 51 / 45422 Mülheim an der Ruhr / www.verlagruhr.de / ISBN 3-8346-0040-7

Das Erbe der Aufklärung heute

 Als „Aufklärung" bezeichnen wir die geisteswissenschaftliche Epoche Mitte bis Ende des 18. Jhs., in die neben Kant und Lessing auch Philosophen wie Montesquieu, Rousseau und Voltaire eingeordnet werden. Viele Fortschritte der Epoche der Aufklärung prägen auch heute noch unser Leben; wir können nicht mehr hinter die Errungenschaften dieser Zeit zurück.

1. Zu Beginn des Kapitels habt ihr die Besonderheiten der Aufklärung anhand einer Schulordnung aus dieser Zeit erarbeitet (vgl. S. 25). Auch unser heutiges Schulwesen ist, was Lerninhalte, Methoden, Fächer usw. betrifft, noch stark von der Aufklärung geprägt. Diskutiert gemeinsam, welche Elemente unseres Schulwesens ein Erbe der Aufklärungszeit sind!

2. Welche der folgenden Begriffe gehören zum Erbe der Aufklärungszeit? Seht ihr die jeweilige Errungenschaft als positives oder kritisches Erbe?

UNO

Demokratie

Weibliche Emanzipation

Erziehung

Sexuelle Revolution

Abschaffung der Folter

Menschenrechte

Industrialisierung

Umweltschutz

Atheismus

 33

© Verlag an der Ruhr / Postfach 10 22 51 / 45422 Mülheim an der Ruhr / www.verlagruhr.de / ISBN 3-8346-0040-7

Der Fragmentenstreit I

Die Herzog-August-Bibliothek
Wolfenbüttel, südliche Frontfassade
des Gebäudes, in heutiger Zeit.

■ Die Entstehungsgeschichte von Lessings „Nathan" ist ohne Kenntnisse über den so genannten **„Fragmentenstreit"** nicht zu verstehen. Dieser soll auf den folgenden Seiten näher beleuchtet werden.
Eine wirklich turbulente Geschichte …

Aus theologischem Interesse veröffentlichte Lessing während seiner Tätigkeit als Bibliothekar in Wolfenbüttel verschiedene Manuskripte aus der umfangreichen Sammlung der Bibliothek zu theologischen Fragen. Daraufhin erteilte ihm der Herzog Karl Wilhelm Ferdinand von Braunschweig Zensurfreiheit[1] für die Veröffentlichung weiterer Beiträge „Zur Geschichte der Literatur. Aus den Schätzen der Herzoglichen Bibliothek zu Wolfenbüttel", die 1773 bis 1781 erschienen.

Diese Freiheit nutzte Lessing, um 1774 das „Fragment eines Ungenannten" anonym zu veröffentlichen, das jedoch nicht aus der herzoglichen Bibliothek stammte. Stattdessen war es der „Apologie oder Schutzschrift für die vernünftigen Verehrer Gottes" des Hamburger Philologen Hermann Samuel Reimarus (1694–1768), Professor für orientalische Sprachen am Gymnasium Johanneum in Hamburg, entnommen. Lessing hatte das Manuskript vermutlich von Reimarus' Kindern, mit denen er befreundet war, nach dem Tod des Gelehrten erhalten.

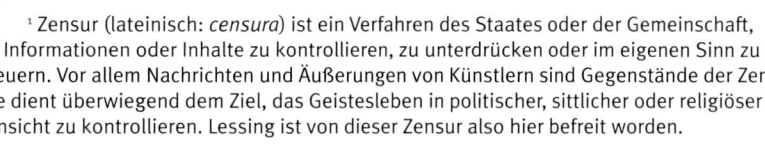

Nach einer durch längere Reisen bedingten Pause veröffentlichte Lessing in den Jahren 1777 und 1778 weitere Fragmente und kommentierte diese jeweils auch selbst. Ausgehend von den Fragmenten und Lessings Kommentaren dazu entbrannte zwischen Lessing und dem (lutherisch-orthodoxen) Hamburger Hauptpastor Goeze (1717–1786) ein erbitterter Streit, der **Fragmentenstreit**. In rascher zeitlicher Abfolge entstanden elf Verteidigungsschriften und Antworten Lessings auf die Angriffe Goezes, die so genannten „Anti-Goezes".

[1] Zensur (lateinisch: *censura*) ist ein Verfahren des Staates oder der Gemeinschaft, Informationen oder Inhalte zu kontrollieren, zu unterdrücken oder im eigenen Sinn zu steuern. Vor allem Nachrichten und Äußerungen von Künstlern sind Gegenstand der Zensur. Sie dient überwiegend dem Ziel, das Geistesleben in politischer, sittlicher oder religiöser Hinsicht zu kontrollieren. Lessing ist von dieser Zensur also hier befreit worden.

Der Fragmentenstreit II

Was jedoch war so provozierend an diesen Fragmenten? Um diese Frage beantworten zu können, müsst ihr euch den folgenden Auszug aus einem Fragment von Reimarus genau durchlesen:

„Die vornehmste und erste Frage, worauf das ganze neue System der Apostel[1] ankommt, ist demnach diese: ob Jesus, nachdem er getötet worden, wahrhaftig auferstanden sei?

[...] Das erste also, was wir bei der Zusammenhaltung der vier Evangelisten[2] bemerken, ist, daß ihre Erzählung fast in allen und jeden Punkten der Begebenheit[3] so sehr voneinander abgeht und immer bei dem einen anders lautet wie bei dem andern. Ob nun gleich dieses unmittelbar keinen Widerspruch anzeigt, so ist es doch auch gewiß keine einstimmige Erzählung, zumal sich die Verschiedenheit in den wichtigsten Stücken der Begebenheit äußert. Und ich bin gewiß versichert, wenn heutigen Tages vor Gericht über eine Sache vier Zeugen besonders abgehört würden und ihre Aussagen wären in allen Umständen so weit voneinander unterschieden als unserer vier Evangelisten ihre: es würde wenigstens der Schluß herauskommen, daß auf dergleichen variierenden Zeugen Aussagen nichts zu bauen sei. [...] Wie kann man denn begehren, daß, auf die Aussage von solchen vier variierenden Zeugen, die ganze Welt, das ganze menschliche Geschlecht zu allen Zeiten und aller Orten ihre Religion, Glauben und Hoffnung zur Seligkeit gründen soll? [...]

Zwei dieser Evangelisten, nämlich Markus und Lukas, haben es nur aus Hörensagen, was sie schreiben; sie sind keine Apostel gewesen und verlangen nicht einmal zu sagen, daß sie Jesus nach seinem Tode selber mit ihren Augen gesehen hätten. [...] Auch in den Erscheinungen Jesu vor seiner Himmelfahrt, deren etwa sechs aus allen Evangelisten zusammenzurechnen sind, ist dies merklich, daß sie insgesamt allen übrigen ehrlichen Leuten unsichtbar, allein aber den Jüngern Jesu sichtbar gewesen sein sollen. In aller der Zeit von 50 (sic!) Tagen, so lange er nach seiner Auferstehung soll auf Erden gewandelt haben und von den Jüngern hin und wieder gesehen sein, läßt sich auch kein einziger Jünger zu einem Fremden was von seiner Auferstehung vermerken. Sie halten die Sache heimlich. [...] Wie sollen wir denn glauben, da seine Jünger nicht beizeiten sprechen: sehet, er ist da. [...] Hätte er sich doch nur ein einziges Mal nach seiner Auferstehung im Tempel vor dem Volk und vor dem Hohen Rat zu Jerusalem sichtbar, hörbar, tastbar gemacht: so konnte es nicht fehlen, die ganze jüdische Nation hätte an ihn geglaubt. [...]"

H.-W. Krumwiede, M. Greschat. M. Jacobs, A. Lindt: Kirchen- und Theologiegeschichte in Quellen. Neuzeit. 1. Teil. Neukirchen 1989[3]. S. 113–117. Stark gekürzt.

---

[1] „System der Apostel" meint hier die christliche Religion. Apostel sind Jünger Jesu, die diesen zwischen Auferstehung und Himmelfahrt gesehen haben.

[2] Gemeint ist hier das Nebeneinanderhalten und Vergleichen der Evangelien der vier Evangelisten (Markus, Matthäus, Lukas und Johannes). Als Evangelien bezeichnet man die biblischen Schriften über Leben, Tod und Auferstehung Jesu.

[3] Gemeint ist hier die Auferstehung Jesu.

1. **Welche Meinung zur Wahrheit der Auferstehung Jesu vertritt Reimarus? Mit welchen Argumenten stützt er diese Position?**

2. **Findet ihr seine Argumentation überzeugend? Bedenkt dabei:**
   • Die Bibel ist ein Glaubenszeugnis, kein Geschichtsbuch.
   • Jesus wurde wegen Hochverrats gekreuzigt. Ist es sinnvoll, sich kurz danach als sein Anhänger zu „outen"?

3. **Albert Schweitzer, ein berühmter Theologe des 20. Jhs., bezeichnete die Fragmente und ihre Veröffentlichung durch Lessing einmal als „Brandstiftung". Erklärt, was das Provokante an diesem Text – vor allem für Lessings Zeitgenossen – war!**

4. **Inwiefern ist dieser Text ein typisches Werk der Aufklärungszeit?**

Der Fragmentenstreit III

Etwa folgendermaßen könnte eine Begegnung zwischen Johann Melchior Goeze und Lessing abgelaufen sein:

Goeze: Ihr liefert Gift und Ärgernis! Euer Ungenannter hat einen Ansturm auf die christliche Religion unternommen!

Lessing: Ihr wollt mir den Ungenannten zu Vorwurf machen? Ich habe ihn vermutlich nicht wider seinen Willen, aber doch ohne seinen Willen in die Welt gezogen. Trotzdem hat es mich noch nicht einen Augenblick lang gereut, die inzwischen berüchtigten Fragmente herausgezogen zu haben. Was jener sagt, das billige ich. Der gesunden Vernunft alle Wege zu versperren, das kann ich mit ihm nicht gutheißen. Legt Eure „Theologie" ab, Herr Hauptpastor, ehe ihr beginnt, die Schrift[1] zu lesen.

Goeze: Ihr sagt, die Bibel sei kein göttliches Buch.

Lessing: In der Tat. Ein aus verschiedenen Nachrichten nach und nach erwachsenes Werk kann man keinesfalls als göttliches Buch ansehen.

Goeze: In Eurer Schrift „Neue Hypothesen über die Evangelisten, als bloß menschliche Geschichtsschreiber betrachtet" schreibt Ihr, dass es eine ältere geschriebene Nachricht von Christus gibt als die von Matthäus[2].

Lessing: Die ersten Anhänger Christi waren Juden und wurden Christen: Juden-Christen. Vielleicht hatten sie vor Matthäus eine erste geschriebene Sammlung von Nachrichten, welche Christi Leben und Lehre betrafen. Da also das Christentum älter als die Bibel ist, darf es sich nicht auf die Offenbarung durch die Schrift berufen. Die Schriften des NT sind erst allmählich aus mündlicher Predigt entstanden. Der Buchstabe ist nicht der Geist. Die Bibel ist nicht die Religion. Das Christentum gab es bereits, ehe Evangelisten und Apostel geschrieben haben.

Goeze: Ich hoffe sehr, dass uns der Herausgeber der Wolfenbütteler Bibliothek künftig etwas Besseres liefern möge als Blendwerk des Teufels. Elende Religion der Vernunft! Eure Wahrheit ist vom Teufel.

Lessing: Nicht die Wahrheit, in deren Besitz ein Mensch zu sein glaubt, vielmehr die aufrichtige Mühe, die er verwendet, sie zu finden, macht seinen Wert aus. Ihr irrt sehr, wenn Ihr glaubt, dass der Ungenannte ganz aus der Welt geblieben wäre, wenn ich ihm nicht hineingeholfen hätte.

Goeze: Ich habe darüber meine Gedanken. Die Wahrheit der christlichen Religion beruht auf sich selbst. Sie beruht auf ihrer Übereinstimmung mit dem Willen Gottes, aber geoffenbart ist sie in den Schriften. Die christliche Religion könnte nicht bestehen, wenn die Bibel völlig verloren wäre.

Lessing: Ich stehe unter Eurer Kanzel, Herr Hauptpastor. Ich blicke zu Euch, ich, Lessing, ich armer Sünder. Aber erhebt Euch nicht über mich. Ihr könnt nicht verhindern, dass ich denke. Ich frage. Ich antworte. Und dies denke ich: Die Bibel ist von Menschen geschrieben.

Dietrich Steinwede (Hg.): Erzählbuch zur Kirchengeschichte. Von der beginnenden Neuzeit bis zur Gegenwart. Göttingen 1987. S. 387 ff. Stark gekürzt.

[1] Gemeint ist hier die Bibel.

[2] Heute gehen die Theologen allgemein davon aus, dass das Markusevangelium, verfasst ca. 70 n. Chr., das älteste der vier Evangelien ist. Nach allgemeinem Konsens gab es wohl vorher bereits eine Schrift, genannt Logienquelle (Q), die Aussprüche Jesu enthielt. Diese Schrift wurde jedoch nie gefunden.

© Verlag an der Ruhr / Postfach 10 22 51 / 45422 Mülheim an der Ruhr / www.verlagruhr.de / ISBN 3-8346-0040-7

Der Fragmentenstreit IV

1. **Tragt das Gespräch zwischen Lessing und Goeze von S. 36 laut mit verteilten Rollen und der passenden Betonung vor!**
 a. Um welches Hauptthema geht es in dieser Auseinandersetzung?
 b. Unterstreicht im Text die Thesen und Argumente der beiden Kontrahenten mit zwei verschiedenen Farben! Stellt sie anschließend in der folgenden Tabelle einander gegenüber!

Lessing	Goeze

Hintergrundinformation:
Goeze war ein Vertreter der so genannten **lutherischen Orthodoxie** (Rechtgläubigkeit), einer Strömung in der evangelischen Theologie des späten 16. und 17. Jhs. Wichtigster Grundsatz dieser Bewegung ist die Lehre vom Schriftprinzip, d.h. die Auffassung, dass die Bibel aus sich selbst heraus wahr ist und daher keiner weiteren Beglaubigung bedarf. Die gesamte Heilige Schrift wird bis zum letzten Buchstaben als vom göttlichen Geist inspiriert verstanden. Man stellte sich also sinngemäß vor, Gott habe den Schreibern der Bibel den Text durch den Heiligen Geist gewissermaßen wörtlich diktiert. Aufgrund dieser Lehre von der Verbalinspiration bezeichnete Goeze die Bibel dann als göttliches Buch. Ein solches Verständnis der Bibel lässt natürlich keinerlei kritischen Umgang mit den in ihr enthaltenen Texten zu. In der Tradition dieses Denkens stehen auch heute noch einige Kirchen, z.B. die „Selbstständige Evangelisch-lutherische Kirche" in Deutschland und v.a. deren Partnerkirchen in den USA.

2. **Welche Folgen ergeben sich aus Lessings bzw. Goezes Bibelverständnis jeweils für den Umgang mit der Heiligen Schrift? Informiert euch – z.B. bei eurem Religionslehrer –, wie wir heute mit der Bibel umgehen. Welche der beiden Positionen hat sich in der Theologie durchgesetzt?**

3. **Bezieht Stellung zu Goezes letztem Satz auf S. 36. Hat er Recht?**

4. **Lessing hat lange gezögert, die Fragmente zu veröffentlichen. Stellt Vermutungen an, warum er es letztendlich doch getan hat!**

© Verlag an der Ruhr / Postfach 10 22 51 / 45422 Mülheim an der Ruhr / www.verlagruhr.de / ISBN 3-8346-0040-7

Vom Fragmentenstreit zu „Nathan der Weise"

Herzog Karl Wilhelm Ferdinand von Braunschweig, www.wikipedia.de

1. **Informiert euch, ob es heute in Deutschland auch noch eine Zensur für Veröffentlichungen gibt oder ob die uneingeschränkte Pressefreiheit gilt (siehe S. 6)!**

2. **Haltet ihr die Zensur bzw. das Veröffentlichungsverbot gegenüber Lessing für berechtigt? Benennt entsprechende Gründe!**

3. **Du bist ein Reporter des Braunschweiger Anzeigers. Durch Zufall hast du vom Publikationsverbot für Lessing erfahren, das du für völlig unberechtigt hältst. Verfasse einen Zeitungsartikel, der diesen Skandal aufrollt, die Öffentlichkeit informiert und den Herzog unter Druck setzt, das Verbot wieder aufzuheben!**

Die Auseinandersetzung zwischen Lessing und Goeze findet ein jähes Ende durch folgenden „Cabinetsbefehl" des Herzogs Karl Wilhelm Ferdinand an Lessing vom 13.7.1778:

„[…] Es […] wird […] hierdurch alles Ernstes befohlen, Handschriften des Ungenannten, woraus solche Fragmente genommen […] binnen acht Tagen ohnfehlbar einzuschicken, und auch aller ferneren Bekanntmachung dieser Fragmente und anderer ähnlicher Schriften bey Vermeidung schwerer Ungnade und schärferen Einsehens gänzlich zu enthalten."
Der Herzog begründet diese Anordnung damit, dass Lessing „[…] nicht nur Fragmente eines Ungenannten, […] sondern auch außer selbigen verschiedene andre zum Anstoß und öffentlichen Ärgernis gereichende Schriften, insbesondere ein Fragment eben dieses Ungenannten unter dem Titel ‚von dem Zweck Jesu und seiner Jünger', welches nichts geringeres als die christliche Religion aufs schlüpfrige zu setzen, wo nicht völlig einzureißen, zur Absicht zu haben scheinet, zum Vorschein kommen lassen. […]"

G. Goepfert (Hg.): Gotthold Ephraim Lessing: Werke. Band VIII. München 1979. S. 614/615.

In einem weiteren Edikt vom 3.8.1778 stellt der Herzog klar, dass die Befreiung von der Zensur wegen des Missbrauchs durch Lessing aufgehoben wird. Auf Anfragen Lessings präzisiert der Herzog in einer weiteren Verordnung am 17.8.1778, dass das Publikationsverbot (Veröffentlichungsverbot) in Religionssachen auch für Veröffentlichungen auswärts oder unter einem anderen Namen gilt. Lessing setzte die Diskussionen des „Fragmentenstreits" mit dem dramatischen Gedicht „Nathan der Weise" auf literarischer Ebene fort.

© Verlag an der Ruhr / Postfach 10 22 51 / 45422 Mülheim an der Ruhr / www.verlagruhr.de / ISBN 3-8346-0040-7

Die Ringparabel I

3. Novelle des ersten Tages aus Giovanni Boccaccios „Decamerone"

[...] Saladin, dessen Tapferkeit so groß war, daß sie ihn nicht nur von einem geringen Manne zum Sultan von Babylon erhob, sondern ihm auch vielfache Siege über sarazenische und christliche Fürsten gewährte, hatte in zahlreichen Kriegen und in großartigem Aufwand seinen ganzen Schatz geleert, und wußte nun, wo neue und unerwartete Bedürfnisse wieder eine große Geldsumme erheischten, nicht, wo er sie so schnell, als er ihrer bedurfte, auftreiben sollte. Da erinnerte er sich eines reichen Juden, Namens Melchisedech, der in Alexandrien auf Wucher lieh und nach Saladin's Dafürhalten wohl im Stande gewesen wäre, ihm zu dienen, aber so geizig war, daß er von freien Stücken es nie gethan haben würde. Gewalt wollte Saladin nicht brauchen; aber das Bedürfniß war dringend, und es stand bei ihm fest, auf eine oder die andere Art solle der Jude ihm helfen. So sann er denn nur auf einen Vorwand, unter einigem Schein von Recht ihn zwingen zu können.

Endlich ließ er ihn rufen, empfing ihn auf das freundlichste, heiß ihn neben sich sitzen und sprach alsdann: „Mein Freund, ich habe schon von vielen gehört, du seiest weise und habest besonders in göttlichen Dingen tiefe Einsicht; nun erführe ich gerne von dir, welches unter den drei Gesetzen du für das wahre hältst, das jüdische, das sarazenische oder das christliche." Der Jude war in der That ein weiser Mann und erkannte wohl, daß Saladin ihm solcherlei Fragen nur vorlegte, um ihn in seinen Worten zu fangen; auch sah er, daß, welches von diesen Gesetzen er vor den andern loben möchte, Saladin immer seinen Zweck erreichte. So bot er denn schnell seinen ganzen Scharfsinn auf, um eine unverfängliche Antwort, wie sie ihm noth that, zu finden, und sagte dann, als ihm plötzlich eingefallen war, wie er sprechen sollte: „Mein Gebieter, die Frage, die Ihr mir vorlegt, ist schön und tiefsinnig; soll ich aber meine Meinung darauf sagen, so muß ich euch eine kleine Geschichte erzählen, die Ihr sogleich vernehmen sollt. Ich erinnere mich, oftmals gehört zu haben, daß vor Zeiten ein reicher und vornehmer Mann lebte, der vor allen andern auserlesenen Juwelen, die er in seinem Schatze verwahrte, einen wunderschönen und kostbaren Ring werth hielt. Um diesen seinem Werthe und seiner Schönheit nach zu ehren und ihn auf immer in dem Besitze seiner Nachkommen zu erhalten, ordnete er an, daß derjenige unter seinen Söhnen, der den Ring, als vom Vater ihm übergeben, würde vorzeigen können, für seinen Erben gelten und von allen den andern als der vornehmste geehrt werden sollte. Der erste Empfänger des Ringes traf unter seinen Kindern ähn-liche Verfügung und verfuhr dabei wie sein Vorfahre. Kurz der Ring ging von Hand zu Hand auf viele Nachkommen über. Endlich aber kam er in den Besitz eines Mannes, der drei Söhne hatte, die sämmtlich schön, tugendhaft und ihrem Vater unbedingt gehorsam, daher auch gleich zärtlich von ihm geliebt waren. Die Jünglinge kannten das Herkommen in Betreff des Ringes, und da ein jeder der Geehrteste unter den Seinigen zu werden wünschte, baten alle drei einzeln den Vater, der schon alt war, auf das inständigste um das Geschenk des Ringes. Der gute Mann liebte sie alle gleichmäßig und wußte selber keine Wahl unter ihnen zu treffen; so versprach er denn den Ring einem jeden und dachte auf ein Mittel, alle zu befriedigen. Zu dem Ende ließ er heimlich von einem geschickten Meister zwei Ringe verfertigen, die dem ersten so ähnlich waren, daß er selbst, der doch den Auftrag gegeben, den rechten kaum zu erkennen wußte. Als er auf dem Todbette lag, gab er heimlich jedem der Söhnen einen von den Ringen. Nach des Vaters Tode nahm ein jeder Erbschaft und Vorrang für sich in Anspruch, und da einer dem andern das Recht dazu bestritt, zeigte der eine wie die andern, um die Forderung zu begründen, den Ring, den er erhalten hatte, vor. Da sich nun ergab, daß die Ringe einander so ähnlich waren, daß niemand, welcher der echte sei, erkennen konnte, blieb die Frage, welcher von ihnen des Vaters wahrer Erbe sei, unentschieden, und bleibt es noch heute. So sage ich Euch denn, mein Gebieter, auch von den drei Gesetzen, die Gott der Vater den drei Völkern gegeben, und über die Ihr mich befragt. Jedes der Völker glaubt seine Erbschaft, sein wahres Gesetz und seine Gebote zu haben, damit es sie befolge. Wer es aber wirklich hat, darüber ist, wie über die Ringe, die Frage noch unentschieden." Als Saladin erkannte, wie geschickt der Jude den Schlingen entgangen sei, die er ihm in den Weg gelegt hatte, entschloß er sich, ihm geradezu sein Bedürfniß zu gestehen. Dabei verschwieg er ihm nicht, was er zu thun gedacht habe, wenn jener ihm nicht mit so viel Geistesgegenwart geantwortet hätte. Der Jude diente Saladin mit allem, was dieser von ihm verlangte, und Saladin erstattete jenem nicht nur das Darlehn vollkommen, sondern überhäufte ihn noch mit Geschenken, gab ihm Ehre und Ansehen unter denen, die ihm am nächsten standen, und behandelte ihn immerdar als seinen Freund.

Giovanni Boccaccio, 3. Novelle aus „Decamerone". In: Peter von Düffel (Hg.), Erläuterungen und Dokumente. G.E. Lessing, Nathan der Weise. Stuttgart 2005. S. 75–77.

© Verlag an der Ruhr / Postfach 10 22 51 / 45422 Mülheim an der Ruhr / www.verlagruhr.de / ISBN 3-8346-0040-7

Die Ringparabel II

Am 6.9.1778 schreibt Lessing an Elise Reimarus, die Tochter von Hermann Samuel Reimarus:

> „[…] Aber wenn Sie im „Decameron" des Boccaz (I.3) die Geschichte vom Juden Melchisedech, welche meinem Schauspiele zum Grunde liegen wird, aufschlagen wollen, so werden Sie den Schlüssel dazu leicht finden. Ich muß versuchen, ob man mich auf meiner alten Kanzel, dem Theater wenigstens, noch ungestört will predigen lassen. […]"
>
> Peter von Düffel (Hg.): Erläuterungen und Dokumente. G.E. Lessing, Nathan der Weise. Stuttgart 2005. S. 101/102.

1. **Informiert euch auf der Seite www.wikipedia.de über Boccaccios „Decamerone": Wann ist es entstanden, wie ist es aufgebaut, warum ist es so berühmt geworden? Ihr könnt hierzu auch Kurzreferate (siehe S. 24) vorbereiten.**

2. **Boccaccio will mit dieser Geschichte zeigen, wie Klugheit aus großer Gefahr erretten kann. Welches Ziel verfolgt hingegen Lessing mit der Ringparabel?**

3. **Erklärt, ausgehend von eurem Wissen über den „Fragmenten-streit" und dem obigen Briefauszugs Lessings, warum „Nathan der Weise" oft auch als zwölfter „Anti-Goeze" bezeichnet wird!**

4. **Sucht nach Gemeinsamkeiten und Unterschieden zwischen der Vorlage im Decamerone und Lessings Textfassung (3. Aufzug, 7. Auftritt)! Achtet besonders darauf, was Lessing dem Original hinzugefügt hat! Haltet euer Ergebnis in der Tabelle fest!**

Gemeinsamkeiten	Unterschiede

© Verlag an der Ruhr / Postfach 10 22 51 / 45422 Mülheim an der Ruhr / www.verlagruhr.de / ISBN 3-8346-0040-7

Die Ringparabel III

Auch wenn Nathan ankündigt, ein Märchen zu erzählen (siehe V. 1888f.), handelt es sich bei der Geschichte von den drei Ringen um eine andere Textart:

> **Parabel** (griechisch: *das Nebeneinanderwerfen*) bezeichnet einen zu einer selbstständigen Erzählung ausgebauten Vergleich. Hierbei soll durch den Verweis auf ein Beispiel aus einem anderen Lebens- bzw. Vorstellungsbereich (= Bildhälfte) eine (religiöse) Lehre oder eine allgemeine Wahrheit verdeutlicht werden. Anders als bei einem Gleichnis wird jedoch nicht ausdrücklich auf die Sachhälfte, also auf die gemeinte Wirklichkeit verwiesen, sondern der Leser ist selbst gefordert, den Text zu interpretieren. Er soll Analogien finden, also das Gesagte auf die Wirklichkeit übertragen und Schlüsse ziehen. Eine große Anzahl von Gleichnissen und Parabeln finden sich in der Bibel, besonders in den Evangelien. Meist wollen diese verdeutlichen, wie man sich das Reich Gottes vorzustellen hat (z.B. Gleichnis vom Senfkorn, Mt 13,31).

Analogie

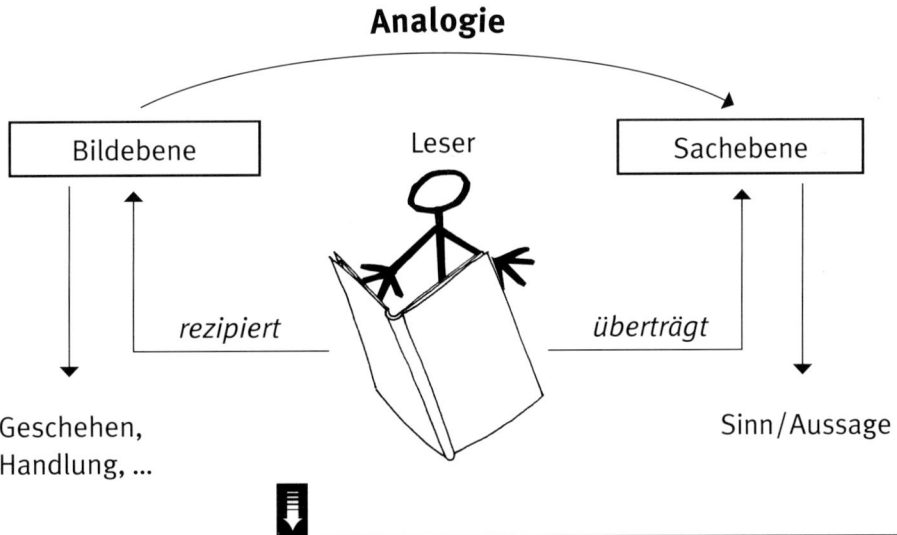

1. **Erklärt, warum Lessing eine Parabel als Grundlage seines Dramas auswählt!**

2. **Die Bildhälfte ist uns in der Parabel vorgegeben. Versucht nun, diese Bilder zu deuten:**

Bildhälfte	Sachhälfte
Mann im Osten	
Erster Ring	
Drei Söhne	
Drei Ringe	
Streit der Söhne	

© Verlag an der Ruhr / Postfach 10 22 51 / 45422 Mülheim an der Ruhr / www.verlagruhr.de / ISBN 3-8346-0040-7

Der dritte Kreuzzug
als Hintergrund des Dramas

„Ich bin ein Tempelherr; und ein gefangner. – / Setz ich hinzu: gefangen bei Tebnin, / Der Burg, die mit des Stillstands letzter Stunde / Wir gern erstiegen hätten, ..." (V. 572–575)

„Ich hätte gern den Stillstand aufs Neue / Verlängert; hätte meiner Sittah gern, / gern einen guten Mann zugleich verschafft." (V. 854–856)

„... Ja, und möchte / Es gern dem König Philipp wissen lassen: / Damit der ungefähr ermessen könne, / Ob die Gefahr denn gar so schrecklich, um / Mit Saladin den Waffenstillestand, / Den Euer Orden schon so brav gebrochen, / Es koste was es wolle, wiederher- / Zustellen." (V. 642–649)

„Die Tempelherren, / Die Christen nicht, sind schuld: sind nicht, als / Christen, / Als Tempelherren schuld. Durch die allein / Wird aus der Sache nichts. Sie wollen Acca, / Das Richards Schwester unserm Bruder Melek / Zum Brautschatz bringen müsste, schlechterdings / Nicht fahren lassen." (V. 889–895)

„... Es war / Meine lieber Ehgemahl ein edler Knecht / In Kaiser Friedrichs Heere – / Von Geburt / Ein Schweizer, dem die Ehr' und Gnade ward / Mit Seiner Kaiserlichen Majestät / In einem Flusse zu ersaufen. ..." (V. 757–761)

„Saladin, / Vermöge der Kapitulation, / Die er beschworen, muss uns, muss uns schützen; ..." (V. 2570–2572)

Mit der Ringparabel als Kern des Dramas sind Schauplatz und Zeitpunkt der Handlung für „Nathan der Weise" bereits vorgegeben: Jerusalem im Jahr 1192.

1187 griff Saladin, Sultan von Ägypten und Syrien, der seinen Machtbereich bereits weit ausgedehnt hatte, das Königreich Jerusalem an. Es gelang ihm, die Christen bei Hattin zu schlagen, mehrere Kreuzfahrerburgen (siehe V. _____) und Ende des Jahres auch die Stadt Jerusalem zu erobern. Dies war ein großer Schock für das christliche Abendland. Papst Gregor VIII. rief deshalb kurz darauf zum dritten Kreuzzug auf. Drei wichtige europäische Herrscher entschlossen sich zur Teilnahme: der deutsche Kaiser Friedrich I. Barbarossa,

der französische König Philipp II. Augustus und der englische König Richard I. Löwenherz. Barbarossa, der den Landweg gewählt hatte, ertrank 1190 beim Überqueren des Flusses Saleph an der Südküste Kleinasiens (siehe V. _____). Die meisten seiner Soldaten kehrten daraufhin heim. Die beiden anderen Regenten erreichten das Heilige Land auf dem Seeweg und eroberten 1191 Akko, eine wichtige Kreuzfahrerfestung. Nach einem Streit zwischen den beiden kehrte Philipp nach Frankreich zurück.

Es gelang Richard, mit Saladin einen Waffenstillstand abzuschließen, der christlichen Pilgern den Besuch der Heiligen Stätten in Jerusalem ermöglichte (siehe V. _____). Die Stadt

jedoch blieb unter Saladins Herrschaft. Während die Tempelritter[1] den Waffenstillstand immer wieder brachen (siehe V. _____), wollte Saladin ihn durch die Hochzeit seines Bruders mit König Richards Schwester festigen (siehe V. _____ und _____).

[1] Geistlicher Ritterorden, der in der Folge der Kreuzzüge entstanden ist.

1. **Tragt die Versangaben des passenden Textauszugs (siehe oben) in die Klammern ein!**

2. **Bei welchen beiden Zitaten entfernt sich Lessing von der historischen Realität?**

© Verlag an der Ruhr / Postfach 10 22 51 / 45422 Mülheim an der Ruhr / www.verlagruhr.de / ISBN 3-8346-0040-7

Zeit der Kreuzzüge I

Vorgeschichte und Idee

395 n.Chr. war das inzwischen christliche Römische Reich im Zuge einer Erbteilung in das Weströmische (Hauptstadt Rom) und das Oströmische Reich unterteilt worden. Das Oströmische Reich wurde nach seinem Regierungssitz Byzanz (= Konstantinopel, heutiges Istanbul) auch Byzantinisches Reich genannt. Nach einem Machthöhepunkt im 6. Jh. hatte es jedoch auch durch innenpolitische Probleme bis zur zweiten Hälfte des 11. Jhs. rapide an Macht eingebüßt.

1071 schlugen die Seldschuken – ein türkisches, also muslimisches Herrschergeschlecht – das byzantinische Heer vernichtend; im gleichen Jahr konnten die Seldschuken auch Jerusalem kampflos einnehmen.

Doch bald herrschten im Reich der Seldschuken infolge von Erbstreitigkeiten chaotische Zustände: Jeder kämpfte gegen jeden, fast jede Stadt stand unter anderer Herrschaft. Aufgrund der unsicheren politischen Lage wurden für die Christen Pilgerfahrten zu den heiligen Stätten ihrer Religion in Jerusalem (siehe S. 47) lebensgefährlich.

Schließlich bat der byzantinische Kaiser Papst Urban II. in Rom um Unterstützung im

Kampf gegen die Seldschuken. Er konnte den Papst für den Plan begeistern, die heiligen Stätten der Christenheit in Jerusalem aus muslimischer Herrschaft zu entreißen und die dort lebenden Christen zu „befreien". Urban II. hoffte, dass es durch die Hilfe Roms für das Oströmische Reich zu einer Wiedervereinigung von Ost- und Westkirche kommen würde. Zur Spaltung zwischen römisch-katholischer (= Westkirche) und orthodoxer Kirche (= Ostkirche) war es 1054 gekommen, da die byzantinische Kirche den Vormachtsanspruch des römischen Papstes innerhalb der christlichen Kirche nicht anerkannte.

1095 hielt Papst Urban II. auf einer Kirchenversammlung in Clermont folgende Rede:

> „Vielgeliebte Brüder!
>
> [...] Es ist unabweislich, unseren Brüdern im Orient eiligst die so oft versprochene und so dringend notwendige Hilfe zu bringen. Die Türken und die Araber haben sie angegriffen und sind immer tiefer in das Land der Christen eingedrungen [...]. Sie haben eine große Anzahl von ihnen getötet und gefangengenommen, die Kirchen zerstört und das Land verwüstet [...]. Deshalb bitte und ermahne ich euch, und nicht ich, sondern der Herr bittet und ermahnt euch als Herolde [Botschafter] Christi, die Armen wie die Reichen, dass ihr euch beeilt, dieses gemeine Gezücht aus den von euern Brüdern bewohnten Gebieten zu verjagen und den Anbetern Christi rasche Hilfe zu bringen. Ich spreche zu den Anwesenden und werde es auch den Abwesenden kundtun, aber es ist Christus, der befiehlt [...]."

Rede des Papstes auf der Kirchenversammlung in Clermont (nach Fulcher von Chartres).
Zitiert nach: Herbert Gutschera, Jörg Thierfelder: Brennpunkte der Kirchengeschichte.
Paderborn 1976. S. 88.

© Verlag an der Ruhr / Postfach 10 22 51 / 45422 Mülheim an der Ruhr / www.verlagruhr.de / ISBN 3-8346-0040-7

Zeit der Kreuzzüge II

	Teilnehmer	davon kamen im Heiligen Land an
1. Kreuzzug	330.000	40.000
2. Kreuzzug	240.000	90.000
3. Kreuzzug	350.000	280.000
4. Kreuzzug	30.000	–
5. Kreuzzug	70.000	60.000
6. Kreuzzug	25.000	10.000
7. Kreuzzug	25.000	10.000
Gesamt	1.070.000	490.000

Daten nach: Eberhard Büssem, Michael Neher: Arbeitsbuch Geschichte. Mittelalter Repetitorium. Tübingen 1995[11]. S. 116.

Die Teilnehmer

Dieser Aufruf zum Kreuzzug, in dem der Papst mit bewegenden Worten das Elend der unterdrückten Glaubensbrüder und der entweihten Heiligtümer schilderte, stieß auf überwältigenden Erfolg. Die Zuhörer riefen „deus volt", d.h. „Gott will es". Vor allem Franzosen und Normannen aus Süditalien folgten dem päpstlichen Aufruf und zogen als Kreuzritter ins Heilige Land. Aber auch deutsche Ritter beteiligten sich.

1. **Sucht auf einer Karte den direkten Weg der Kreuzfahrer aus Europa ins Heilige Land! Welche Gefahren waren mit der Teilnahme am Kreuzzug verbunden?**

2. **Entwickelt ein Streitgespräch zwischen einem Ritter, der gerne am Kreuzzug teilnehmen möchte, und einer anderen Person, die sich für diese Idee nicht begeistern kann.**

Welche Gründe bewegten die Männer, an einem Kreuzzug teilzunehmen?

• **Religiöse Motive:** Die Kreuzfahrer versprachen sich von der Teilnahme am Kreuzzug den Erlass ihrer weltlichen Sünden und göttliche Vergebung. Dies war angesichts der mittelalterlichen Vorstellung von Jesus als strengem Weltenrichter, der je nach Bewährung im Leben über das Schicksal der Toten entscheidet, sehr wichtig. Die Kreuzritter hofften, nach ihrem Tod auf Erlösung in Jerusalem, der himmlischen Stadt, deren Herabkunft die Christen am Ende der Zeiten erwarten (vgl. Offb 21). Oft wurde auch schon im weltlichen Jerusalem – wie in der jüdischen Tradition – ein Ort des Heils gesehen.

• **Finanzielle Motive:** Papst Urban II. hatte den Kreuzzugteilnehmern die Tilgung ihrer finanziellen Schulden in Aussicht gestellt. Das war für viele sehr wichtig, denn Bevölkerungszuwachs und Missernten hatten in Westeuropa viele Menschen aus dem einfachen Volk verarmen lassen. Eine Verbesserung der wirtschaftlichen Situation im eigenen Land war äußerst unwahrscheinlich, daher waren die Verlockungen des materiellen Lohnes im Heiligen Land umso größer. Zudem hofften nicht erbberechtigte jüngere Adelssöhne auf finanziellen Gewinn im Heiligen Land.

• **Politische Motive:** Viele Kreuzfahrer hatten politische Ambitionen und hofften auf einen Zuwachs an Macht und Ansehen.

• **Andere Gründe:** Es gab auch viele, die aus Abenteuerlust mitzogen oder weil ihre Freunde dabei waren oder einfach, um nicht als feige oder faul zu gelten.

© Verlag an der Ruhr / Postfach 10 22 51 / 45422 Mülheim an der Ruhr / www.verlagruhr.de / ISBN 3-8346-0040-7

Zeit der Kreuzzüge III

Die weitere Geschichte der Kreuzzüge

Nach einigen militärischen Erfolgen im Heiligen Land gelang es den Kreuzfahrern 1099 schließlich, nach vierwöchiger Belagerung, Jerusalem zu erobern. Bei der Einnahme der Stadt durch die Kreuzfahrer kam es leider zu einem fürchterlichen Blutbad unter der muslimischen und jüdischen Bevölkerung.

Hierbei wurden viele unschuldige Menschen – auch Frauen und Kinder – getötet. Während viele Kreuzritter nach Beendigung der kriegerischen Handlungen nach Europa zurückkehrten, bauten andere in Jerusalem ein – am Vorbild ihrer Heimatländer orientiertes – geistliches Königreich auf.

Fast zweihundert Jahre herrschten die Franken – so nannten die Araber die Ritter aus Europa – im Heiligen Land. Es folgten sechs weitere Kreuzzüge, die der Sicherung der Macht dort dienen sollten.

Francesco Hayez,
Der siebente Kreuzzug gegen Jerusalem,
1838–1850

Ein besonders trauriges Kapitel war der so genannte **Kinderkreuzzug im Jahr 1212**. Einem zwölfjährigen französischen Jungen war angeblich Christus im Traum erschienen und hatte ihn aufgefordert, zu einem Kreuzzug aufzurufen. Schnell gelang es dem Jungen mit Hilfe begeisternder Predigten, andere Kinder von seiner Idee zu überzeugen. Einige tausend Kinder, vor allem aus ärmeren Verhältnissen, begaben sich nach Marseilles, um Richtung Heiliges Land einzuschiffen. Das Heilige Land erreichten sie jedoch nie. Nur wenige von ihnen kehrten nach Hause zurück. Die meisten verschwanden spurlos; wahrscheinlich wurden sie als Sklaven verkauft. Als das Gerücht vom Aufbruch der französischen Kinder zu einem Kreuzzug **Deutschland** erreichte, begann auch im Rheinland ein Junge zum Kreuzzug aufzurufen. Er warb eine große Kinderschar an, die mit der Vorstellung nach Italien zog, das Meer werde sich für sie wie einst für Mose teilen. Als sich diese Hoffnung der Kinder nicht bewahrheitete, machten sie sich wieder auf den Weg nach Hause; aber auch von ihnen kehrten nur wenige zurück.

Nach: Dieter Kühn: Parzival. Frankfurt 1986. S. 322f.

Die Kreuzzüge – ein Fazit

„Im Tempelbezirk sollen an die zehntausend Feinde umgekommen sein. Die Eroberer gingen in die Häuser, wo sie Familienväter mit Frauen und Kindern und dem ganzen Gesinde herausrissen und entweder mit dem Schwert durchbohrten oder von den Dächern herabstürzten."

Wilhelm von Tyrus. In: Geschichte in Quellen. Band 2. München 1978. S. 370.

Dieser Text über die Einnahme Jerusalems 1099 beschreibt recht anschaulich die ungemeine **Brutalität**, mit der die Christen bei der Eroberung der Stadt vorgingen. Hunderttausende Menschen aller drei Konfessionen starben während der Zeit der Kreuzzüge, und dies eigentlich ohne größeren Sinn, denn militärisch und politisch gesehen waren die Kreuzzüge auf Dauer folgenlos: Ost- und Westkirche blieben getrennt und die Kreuzfahrerstaaten gingen binnen zweihundert Jahren wieder verloren, da man sich den Angriffen der Muslime nicht länger widersetzen konnte.

1. **Sucht gemeinsam unter folgendem Link http://de.wikipedia.org/ wiki/Arabische_Sprache nach Wörtern arabischen Ursprungs in unserer Sprache!**

2. **Versucht, eine eigenständige Bewertung der Epoche der Kreuzzüge vorzunehmen. Erstellt eine Schaden- und Nutzenrechnung!**

3. **Welche Folgen haben die Kreuzzüge noch heute für das Ansehen der Kirche? Führt hierzu eine kurze Umfrage durch (bei Freunden, Lehrern, Bekannten, in der Fußgängerzone) und diskutiert die Ergebnisse anschließend in der Klasse! Ihr werdet den Befragten vermutlich zunächst die Geschichte der Kreuzzüge kurz ins Gedächtnis rufen müssen. Hierbei solltet ihr die Fakten möglichst neutral darstellen, um die Befragten nicht zu beeinflussen. Bereitet euch darauf vor!**

Neben all den oben beschriebenen Gräueltaten waren die Kreuzzüge für die **kulturelle Entwicklung** des Abendlandes wichtig, denn die Kreuzfahrer erkannten, dass die arabische Kultur unserer westlichen auf vielen Gebieten (z.B. der Medizin) überlegen war. So begann in Folge der Kreuzzüge ein intensiver Austausch zwischen der abendländischen und der orientalischen Kultur. Die Kreuzzüge förderten eine Entwicklung, die auf der iberischen Halbinsel schon seit Jahrhunderten in Gang war. Nicht nur unser Zahlensystem mit arabischen Ziffern stammt daher; viele Wörter arabischen Ursprungs zeugen davon, wie viel wir der arabischen Welt auf Gebieten wie Medizin, Obst- und Gemüseanbau, Naturwissenschaften usw. verdanken.

Schaden der Kreuzzüge	Nutzen der Kreuzzüge

© Verlag an der Ruhr / Postfach 10 22 51 / 45422 Mülheim an der Ruhr / www.verlagruhr.de / ISBN 3-8346-0040-7

Jerusalem – Heilige Stadt dreier Weltreligionen I

Die Klagemauer, im Hintergrund der Felsendom
© Shmuel Spiegelman, www.wikipedia.de

Jerusalem ist für die drei großen monotheistischen[1] Schriftreligionen eine heilige Stadt. Hier haben wichtige Ereignisse in der Geschichte der Religionen stattgefunden und hier stehen bedeutende religiöse Bauwerke, zu denen die Gläubigen reisen.

[1] Monotheismus = Glaube an einen Gott.

[2] Der „Gesalbte", d.h. der endzeitliche Erretter.

[3] Ein Fest, das an die Befreiung der Israeliten aus der Knechtschaft in Ägypten erinnert.

[4] Höchstes jüdisches Gericht.

Judentum

Nach der Eroberung Jerusalems durch König David errichtete dessen Sohn, König Salomo, dort einen prachtvollen **Tempel** – das zentrale Heiligtum der Juden, in dem auch die Tafeln mit den Zehn Geboten verwahrt wurden. Nach der Zerstörung des Tempels durch die Babylonier 589 v.Chr. wurde er 515 v.Chr. wieder errichtet und geweiht. 70 n.Chr. wurde er von den römischen Besatzern nach einem jüdischen Aufstand endgültig zerstört.

Die so genannte **Klagemauer** ist die ehemalige Westmauer des fast völlig zerstörten zweiten Tempels. Hierher kommen die Juden, um zu beten und stecken Zettel mit ihren Wünschen in die Mauer. Jerusalem gilt den Juden als Ort der „gnädigen Gegenwart Gottes", wo auch der Messias[2] erscheinen wird. Das Passah-Fest[3] endet deshalb immer mit dem Wunsch „Nächstes Jahr in Jerusalem". 1967 wurde Jerusalem von den Juden im Sechs-Tage-Krieg erobert und gehört seitdem zum 1948 gegründeten Staat Israel.

Hubert van Eyck, Christus am Kreuz zwischen Maria und Johannes (um 1430)

Christentum

Nachdem Jesus lange Zeit in Galiläa gewirkt hatte, zog er zum bevorstehenden Passahfest mit seinen Jüngern nach Jerusalem, der religiösen und politischen Hauptstadt. Er besuchte dort den jüdischen Tempel, denn er war ja Jude. In Jerusalem fand auch der Prozess gegen Jesus wegen Hochverrats vor dem Hohen Rat[4] und dem römischen Statthalter Pontius Pilatus statt. Nach der Verurteilung zum Tode musste Jesus den Querbalken seines Kreuzes durch die Innenstadt zur **Kreuzigungsstädte Golgotha** vor den Toren der Stadt tragen.

© Verlag an der Ruhr / Postfach 10 22 51 / 45422 Mülheim an der Ruhr / www.verlagruhr.de / ISBN 3-8346-0040-7

Jerusalem – Heilige Stadt dreier Weltreligionen II

Die Grabeskirche in Jerusalem,
www.wikipedia.de

Der Tod am Kreuz war eine Form der Todesstrafe für die schwersten Verbrechen wie etwa Hochverrat und Volksverhetzung. Der Weg, den Jesus zu seiner Kreuzigung zurücklegte, wird als **Kreuzweg** oder auch **„via dolorosa"** (lateinisch: *Schmerzensweg*) bezeichnet, da Jesus sich mit letzter Kraft vorwärts kämpfte. Zahlreiche Steintafeln erinnern an die Ereignisse auf diesem Weg, den auch heute noch – vor allem zur Osterzeit – viele tausend christliche Pilger gehen.

In Jerusalem findet sich die Grabesstätte Jesu. Diese kann man in der **Grabeskirche** besichtigen. Jerusalem ist jedoch auch der Ort der Auferstehung Jesu an Ostern. Es ist die Stadt, von der aus der christliche Glaube seinen Anfang nahm. Und somit ist Jerusalem für die Christen ein Ort der Hoffnung: Das himmlische Jerusalem gilt als ein Ort von Frieden und Gerechtigkeit (Offb. 21) und ist ein zentrales Element der Vorstellung vom Reich Gottes.

Islam

Jerusalem (arabisch: *Al-Quds* = heilige Stadt) ist der drittwichtigste **Wallfahrtsort des Islam**. Der Koran berichtet an mehreren Stellen von einer visionären nächtlichen Himmelsreise Mohammeds. Als das Reittier des Propheten sich in Jerusalem von einem Felsen abstieß, hinterließ es einen Fußabdruck. Der muslimische Herrscher Umar ließ nach Mohammeds Tod Jerusalem im Jahr 638 n.Chr. erobern, um an der Stelle dieses Fußabdrucks eine Moschee zu errichten. Der so genannte **„Felsendom"** – ein prachtvolles und reich geschmücktes Bauwerk – wurde 692 n.Chr. fertig gestellt. Der muslimische Tempelberg, zu dem der Felsendom gehört, liegt genau da, wo früher der jüdische Tempel stand. Er ist auf dessen Fundamenten errichtet. Abgesehen von der Herrschaft der Kreuzritter befand sich Jerusalem zwischen 638 n.Chr. und dem Ende des Osmanischen Reiches 1918 durchgehend unter muslimischer Herrschaft.

Der Felsendom
© Shmuel Spiegelman,
www.wikipedia.de

1. **Stell dir vor, du bist auf einer Pilgerreise in Jerusalem. Schildere in einem Brief nach Hause deine Eindrücke! Mit Hilfe des Internets oder eines Reiseführers kannst du dich noch genauer informieren!**

2. **Überlegt, welche Konflikte sich zwischen den Pilgern der verschiedenen Religionen ergeben könnten!**

3. **Warum siedelte Lessing die Handlung des Dramas in Jerusalem an?**

© Verlag an der Ruhr / Postfach 10 22 51 / 45422 Mülheim an der Ruhr / www.verlagruhr.de / ISBN 3-8346-0040-7

Judenpogrome –
Kreuzzüge in Deutschland

„Am dritten Tage nach Pfingsten (im Jahr 1096) war in Köln zu hören, dass die Feinde die Juden angegriffen hätten und ihre Häuser zerstörten. Sie demolierten die Synagogen und zogen die heiligen Gesetzesrollen hervor, die sie zum Gegenstand ihres Gelächters machten und auf den Straßen verstreuten. An jenem Tag bemächtigten sie sich des Moses Isaak in dem Augenblick, als er sein Haus verließ, und führten ihn in eine Kirche. Aber er spie sie an und beschimpfte sie, und da töteten sie ihn."

Chronik des Salomon bar Simeon. In: R. Pernoud: Die Kreuzzüge in Augenzeugenberichten. Düsseldorf 1961. S. 32f.

Nathan:
„Ihr traft mich mit dem Kinde zu Darun.
Ihr wisst wohl aber nicht, dass wenige Tage
Zuvor, in Gath die Christen alle Juden
Mit Weib und Kind ermordet hatten; wisst
Wohl nicht, dass unter diesen meine Frau
Mit sieben hoffnungsvollen Söhnen sich
Befunden, die in meines Bruders Hause,
Zu dem ich sie geflüchtet, insgesamt
Verbrennen müssen." (V. 3037–3045)

Doch nicht nur im Heiligen Land, auch in Deutschland kam es in der Epoche der Kreuzzüge, die ja von einem großen Fremdenhass geprägt war, immer wieder zu Judenverfolgungen: Häuser und Synagogen wurden angezündet, die Menschen zur Taufe gezwungen oder umgebracht. Nur wenige Christen standen den verfolgten Juden bei.

Die nachfolgenden Texte zeigen, dass die **Geschichte des jüdischen Volkes** eine Geschichte von Verfolgung, Hass und Gewalt ist:

Das Judentum ist eine sehr alte Religion. Die Juden glauben an den Gott Jahwe. In der damaligen Zeit war der Monotheismus, also der Glaube an nur einen Gott, einzigartig. Die Geschichte des jüdischen Volkes lässt sich bis ins **2. Jahrtausend vor Christi Geburt** zurückverfolgen. Wie die Bibel uns berichtet, lebten damals Abraham, Isaak und Jakob, die Stammesväter Israels. Abraham war ein gottesfürchtiger Mann und befolgte die Gebote Gottes; er vertraute auf Gott. Daher schloss Jahwe einen Bund mit ihm: Er erwählte ihn und seine Nachkommen zu seinem Volk und segnete sie. Jahwe versprach Abraham: *„Ich werde dich zu einem großen Volk machen, dich segnen und deinen Namen groß machen. Ein Segen sollst du sein."* (Gen 12) Als Zeichen dieses Bundes gilt die Beschneidung; auch heute noch werden alle männlichen Juden bald nach der Geburt beschnitten. So versteht sich das Volk Israel als das **auserwählte Volk Gottes**.

© Verlag an der Ruhr / Postfach 10 22 51 / 45422 Mülheim an der Ruhr / www.verlagruhr.de / ISBN 3-8346-0040-7

Die Geschichte des jüdischen Volkes I

Seit etwa 1000 n. Chr. wurden die Juden in gesonderten, von Mauern umgebenen Stadtteilen angesiedelt. Juden und Christen durften nicht zusammenleben. Besonders zurzeit der Kreuzzüge, die von einem allgemeinen Fremdenhass geprägt war, kam es zu großen Judenverfolgungen. Immer wieder im Laufe der Geschichte wurde den Juden vorgeworfen, sie hätten Jesus umgebracht, was historisch nicht korrekt ist, denn die Juden besaßen während der römischen Besatzungszeit (s.o.) keine Kapitalgerichtsbarkeit, konnten also keine Todesurteile fällen. Dies war den Römern vorbehalten.

Danach wurden die Juden direkt dem Kaiser unterstellt: Sie mussten besonders hohe Steuern zahlen und durften nicht mehr alle Berufe ausüben. Da es Christen von der Kirche verboten war, Geld gegen Zinsen zu verleihen, wurden viele Juden Geldverleiher oder arbeiteten als Ärzte oder Händler. **Seit dem 13. Jh.** mussten Juden zur Kennzeichnung auch eine besondere Kleidung, wie z.B. den Judenhut, tragen.

Im **2. und 3. Jh. n. Chr.** lebten Juden als Kaufleute, Handwerker und Verwaltungsbeamte verstreut im gesamten römischen Reich, etwa in Städten wie Köln und Trier. Nachdem jedoch das römische Reich christlich wurde, galten die Juden als Angehörige einer fremden Glaubensgemeinschaft nicht mehr als Bürger mit vollen Rechten.

Doch leider konnte auch dies die tief in den Menschen verwurzelte Abneigung gegen die Juden nicht überwinden. So bildete sich **Ende des 19. Jhs.** eine neue antijüdische Bewegung, der so genannte „Antisemitismus": Die Antisemiten verherrlichten die eigene „arische Rasse" und betrachteten ihre Angehörigen als die überlegenen Menschen. Die Juden – fälschlicherweise auch „Semiten" genannt – wurden hingegen, wahrscheinlich aus Neid und Misstrauen vor allem Fremden, als minderwertige, raffgierige und revolutionäre Menschen gesehen, die die ganze Weltordnung bedrohten. Somit war die gedankliche Grundlage für die „Shoa" (hebräisch: Vernichtung), den Massenmord an den Juden unter Hitler, gelegt.

Etwa 1500 Jahre vor Christi Geburt lebten Teile des jüdischen Volkes in Ägypten, wahrscheinlich, weil sie vor einer Hungersnot dorthin geflohen waren. Sie mussten dem Pharao als Sklaven beim Bau der Städte Pitom und Ramses dienen. Unter der Führung Moses erreichten sie, dass der Pharao sie gehen ließ. 40 Jahre lang zog das Volk auf der Suche nach dem Heiligen Land durch die Wüste, bis sie Palästina – den heutigen Staat Israel – erreichten, wo sie sich ansiedelten. Im Laufe der Antike wurde das kleine Land immer wieder von fremden Großmächten bedroht und erobert: Da waren die Assyrer, die Babylonier, die im 6. Jh. sogar einen Teil der Bevölkerung ins ferne Babylon verschleppten, die Perser, die Griechen und die Ägypter.

© Verlag an der Ruhr / Postfach 10 22 51 / 45422 Mülheim an der Ruhr / www.verlagruhr.de / ISBN 3-8346-0040-7

Die Geschichte des jüdischen Volkes II

Schließlich eroberten **63 v.Chr.** die Römer Palästina. Die Juden litten sehr unter der römischen Besatzung, da sie dem römischen Kaiser hohe Steuern zahlen mussten und zudem kaum Rechte hatten. So kam es immer wieder zu Aufständen gegen die römischen Besatzer. 70 n.Chr. eroberte der römische Feldherr Titus Jerusalem und ließ anschließend die Stadt und den Tempel, das wichtigste Heiligtum der Juden, zerstören und plündern. Fortan war es den Juden verboten, die Stadt zu betreten. Seit damals lebt das jüdische Volk über alle Welt verstreut in der so genannten **„Diaspora".**

Immer wieder wurden Juden von abergläubischen Christen beschuldigt, christliche Kinder für ihre religiösen Rituale getötet zu haben. Auch als **ab 1348** viele Menschen in Deutschland an der Pest starben, waren die Schuldigen schnell gefunden: Die Juden wurden verfolgt und vertrieben. Dennoch wuchsen die jüdischen Gemeinden im Mittelalter stetig an.

Erst **im 17. und 18. Jh.**, dem Zeitalter der Aufklärung, verbesserte sich die Lage der Juden allmählich. Man rief zur Toleranz auf und wollte die Juden in die Gesellschaft eingliedern. 1812 erließ der König von Preußen ein Gesetz, wonach Juden die gleichen Rechte und Freiheiten wie Christen eingeräumt wurden. Bei der Gründung des Deutschen Reiches 1872 wurde in der Deutschen Reichsverfassung die volle Gleichberechtigung von Juden und Christen festgelegt. In Osteuropa hingegen war von dieser Toleranz wenig zu spüren; hier wurden die Juden nach wie vor grausam verfolgt.

Nach der Machtergreifung durch die Nationalsozialisten am **30.01.1933** wurden die jüdischen Mitbürger in Deutschland systematisch aus dem öffentlichen Leben ausgeschlossen. In den so genannten „Nürnberger Gesetzen" wurden ihnen die Bürgerrechte aberkannt; Juden mussten durch besondere Kennkarten und ab Kriegsbeginn mit dem Judenstern gekennzeichnet werden. Nur wenigen von ihnen gelang die Flucht ins Ausland. In der „Reichskristallnacht" vom 9./10. November 1938 fand das gewaltsame Vorgehen gegen die Juden einen ersten grausamen Höhepunkt: 275 Synagogen wurden geplündert und in Brand gesetzt, 26000 Juden wurden in Konzentrationslagern inhaftiert. Ab 1941 deportierte man die Menschen jüdischen Glaubens systematisch in den Osten, um sie in Vernichtungslagern wie Auschwitz-Birkenau planmäßig umzubringen. Außerdem wurden in allen eroberten Kriegsgebieten Juden systematisch gejagt und ermordet. Zwei Drittel der europäischen Juden, fast 6 Millionen Menschen, fielen diesem so genannten Holocaust zum Opfer.

Schneidet die Textabschnitte aus und setzt sie so zusammen, dass eine chronologische Geschichte des Judentums entsteht! Klebt den Text dann in euer Heft!

Lutherisches Kirchenamt der VELKD und Kirchenamt der EDK (Hg.): Was jeder vom Judentum wissen muss. Gütersloh 1993[7].

© Verlag an der Ruhr / Postfach 10 22 51 / 45422 Mülheim an der Ruhr / www.verlagruhr.de / ISBN 3-8346-0040-7

Antisemitismus – auch heute noch?

Im sächsischen Landtag verglichen im Januar 2005 Abgeordnete der NPD[1] die Bombardierung der sächsischen Hauptstadt Dresden Ende des Zweiten Weltkrieges mit dem Holocaust und verließen während einer Schweigeminute für die Opfer des NS-Regimes den Plenarsaal.

**1. Betrachtet die angeführte Untersuchung:
Ist der Antisemitismus in Deutschland wieder auf dem Vormarsch? Könnt ihr eure Meinung durch eigene Beobachtungen oder Umfragen stützen?**

Ergebnisse der Studie „Deutsche Zustände" von Wilhelm Heitmeyer, Uni Bielefeld, vom Dezember 2003

14,6 % (12,7 %) .... der Deutschen haben eine antisemitische Einstellung.

23,4 % .... meinen: „Juden haben in Deutschland zu viel Einfluss."

54,5 % .... denken: „Viele Juden versuchen, aus der Vergangenheit des Dritten Reiches heute ihr Vorteile zu ziehen."

65,4 % (67,7 %) ...... äußern: „Ich finde es gut, dass wieder mehr Juden in Deutschland leben."

69,9 % .... sagen: „Ich ärgere mich darüber, dass den Deutschen auch heute noch die Verbrechen an den Juden vorgehalten werden."

(Vorjahreszahlen soweit bekannt in Klammern)

Axel Vornbäumen. In: Frankfurter-Rundschau online vom 12.12.2003 unter www.frankfurter-rundschau.de

---

Dass es in Deutschland Antisemitismus gibt, ist unbestritten:

„Fremdenfeindlichkeit und Antisemitismus sind nicht aus Deutschland verschwunden. [...] Den Kampf gegen den Antisemitismus müssen wir immer wieder neu führen. Er geht uns alle an."

Bundespräsident Köhler im Januar 2005 vor der Knesset, dem israelischen Parlament

„Dass es Antisemitismus noch immer gibt, das ist nicht zu leugnen. Ihn zu bekämpfen, ist Aufgabe der ganzen Gesellschaft."

Bundeskanzler Schröder auf der Gedenkfeier zum 60. Jahrestag der Befreiung von Auschwitz am 27.01.2005

Was aber können/sollen wir dagegen tun? Oft wird gefordert, Jugendliche müssten besser über die NS-Zeit informiert werden, um einem Wiedererstarken des Antisemitismus vorzubeugen.

2. Führt eine Umfrage an eurer Schule durch: Was wissen eure Mitschüler über das Dritte Reich? Wie oft wurde das Thema im Unterricht behandelt? Fühlen sie sich ausreichend informiert?

3. Soll man rechtsradikale Parteien wie die NPD verbieten oder sich demokratisch mit ihnen auseinander setzen? Erörtert diese Frage in einer Diskussionsrunde. Sammelt hierfür zunächst in Gruppenarbeit Argumente für beide Positionen.

© Verlag an der Ruhr / Postfach 10 22 51 / 45422 Mülheim an der Ruhr / www.verlagruhr.de / ISBN 3-8346-0040-7

[1] 1964 gegründete rechtsextreme Partei; 2003 etwa 5000 Mitglieder.

Heilige Kriege

„Selig sind die Friedfertigen; denn sie werden Gottes Kinder heißen." (Mt 5,9)

„Jagt dem Frieden nach mit jedermann." (Hebr 12,14)

„Liebet eure Feinde und bittet für die, die euch verfolgen." (Mt 6,44)

„Wenn dich jemand auf deine rechte Backe schlägt, dem biete die andere auch dar." (Mt 6,39)

Die Bibel nach der Übersetzung Martin Luthers in der revidierten Fassung von 1984. Deutsche Bibelgesellschaft. Stuttgart 1999.

Wie wirken diese Bibelzitate vor dem Hintergrund der Kreuzzüge auf euch?

Hintergrundinformation: Die meisten Religionen kennen „Heilige Kriege", also Kriege, die im Namen Gottes geführt werden.

Judentum: In der Geschichte des Volkes Israel wurden „Kriege Jahwes (Gott der Juden)" vor allem in der Epoche zwischen der Landnahme und dem Beginn des Königtums unter Saul (1012–1004 v.Chr.) geführt. Einzelne Stämme gingen damals gegen Nachbarvölker vor, die sie in ihrer Existenz bedrohten. Bei diesen Kriegen vertrauten die Israeliten auf die Unterstützung durch ihren Gott, in dem sie einen „Kriegsmann" sahen. Ihm konnte am Ende des Kampfes die Beute durch den Bann, d.h. die Tötung, übereignet werden.

Islam: „Dschihad" bedeutet „Anstrengung" um Gottes Willen. Der Begriff wird im Westen irreführend mit „Heiliger Krieg" übersetzt. Die Expansion und kriegerische Verteidigung des islamischen Herrschaftsbereiches ist eine besondere Art des Dschihad. Aber auch friedliche Einsätze, z.B. um gerechte und soziale Verhältnisse zu schaffen, kann man als Dschihad bezeichnen. In unserer heutigen Zeit wird der Begriff aber auch im Zusammenhang mit der Befreiung vom Kolonialismus sowie dem Kampf der Palästinenser gebraucht. Die Bezeichung Dschihad wird häufig von militanten Gruppen verwendet oder auch missbraucht. Jedes Bestreben, eine islamische Weltordnung aufzubauen, Gottes Willen zu verwirklichen und seinem Wort eine Vorherrschaft zu verschaffen,

gilt als Dschihad. Um Bestand und Fortleben des Islams zu sichern, ist auch Gewalt nach islamischem Glauben ein legitimes Mittel.

Lutherisches Kirchenamt der VELKD und Kirchenamt der EKD (Hg.): Was jeder vom Islam wissen muss. Gütersloh 1991[3]. S. 87.

Christentum: Die bekanntesten Kriegszüge in der Geschichte des Christentums sind sicherlich die Kreuzzüge. Doch auch zwischen den christlichen Konfessionen (Bekenntnissen) gab es kriegerische Auseinandersetzungen, z.B. den Dreißigjährigen Krieg von 1618–1648, in dem evangelische und katholische Christen gegeneinander kämpften.

Religionskonflikte heute I

● Jüdische Siedlungen,
die ab August 2005
geräumt werden.

Der israelisch-arabische Konflikt

Im 19. Jh. entstand – auch vor dem Hintergrund der Judenverfolgungen in Osteuropa – die Idee eines modernen jüdischen Nationalstaates. Ab 1882 wanderten im Zuge dessen viele russische Juden nach Palästina ein. Der Zionismus[1] fand mit der Verbreitung des Antisemitismus auch in Westeuropa immer mehr Anhänger. Als wichtigster Vertreter des Zionismus gilt Theodor Herzl mit seinem 1896 erschienenen Buch „Der Judenstaat". Aufgrund des Untergangs des Osmanischen Reiches (heutige Türkei) wurde Palästina nach dem Ersten Weltkrieg zum britischen Mandatsgebiet[2]. Kurz zuvor hatte die britische Regierung in der so genannten „Balfour-Erklärung" von 1917 Wohlwollen gegenüber den jüdischen Plänen gezeigt, dort einen eigenständigen Staat zu errichten.

Spätestens als während des Dritten Reiches viele Juden ins Land ihrer Väter flohen, kam es zu Spannungen mit den dort ansässigen Palästinensern.

1947 beschlossen die Vereinten Nationen, das Land in ein jüdisches und ein arabisches Gebiet zu teilen. Doch mit dem Ende des britischen Mandats über das Gebiet rief David Ben Gurion (damaliger Ministerpräsident und Verteidigungsminister) am 15. Mai 1948 den unabhängigen Staat Israel aus. In dieser parlamentarischen Demokratie leben ca. 4,2 Millionen Juden (von weltweit etwa 17 Millionen), aber auch christliche und muslimische Araber.

Literaturtipp:
Michael Keene:
Was Weltreligionen zu
Alltagsthemen sagen
ISBN 3-86072-989-6

Der israelisch-arabische Konflikt wird oftmals mit einem Baumstamm verglichen, aus dem zwei verschiedene Äste wachsen. Versucht, ausgehend von diesem Bild, das Grundproblem des Konfliktes zu erläutern!

[1] Der „Zionismus" ist eine während des 19. Jhs. entstandene jüdische National-Bewegung, die sich für einen eigenen jüdischen Staat im Land der Väter einsetzt.

[2] Treuhandgebiete, frühere Mandatsgebiete des Völkerbundes, die von den Vereinten Nationen (UN) Treuhandmächten zur treuhänderischen Verwaltung übergeben wurden.

© Verlag an der Ruhr / Postfach 10 22 51 / 45422 Mülheim an der Ruhr / www.verlagruhr.de / ISBN 3-8346-0040-7

Religionskonflikte heute II

Der moderne Staat Israel

Die gestrichelten Linien markieren die „Grünen Grenzen" von vor 1967.

LIBANON

SYRIEN

ISRAEL

Westjordanland (West Bank)

Jerusalem

JORDANIEN

MITTELMEER

Gaza-Streifen

TOTES MEER

ÄGYPTEN

Durch die Staatsgründung war der Konflikt mit den arabischen Nachbarn, die das Land für sich beanspruchten, vorprogrammiert. Im so genannten „Unabhängigkeitskrieg" von 1948 gelang es den Israelis, den Angriff ihrer übermächtigen arabischen Nachbarn abzuwehren und ihren Staat zu sichern. Doch im Rahmen des „Sechs-Tage-Krieges" von 1967 und der damit verbundenen israelischen Besetzung großer Gebiete verschärfte sich das Palästinenserproblem. Seitdem lebten in diesen Gebieten (Gaza-Streifen) hunderttausende von Palästinensern unter israelischer Besatzung. Nach und nach entstanden dort viele jüdische Siedlungen, die den Anspruch der Israelis auf diese Landstriche manifestieren sollten. Im Februar 2005 bewilligte die israelische Regierung den Abzug israelischer Siedler aus dem Gaza-Streifen. Nach 38 Jahren Besatzung wird das Gebiet an die Palästinenser übergeben. Nachfolgend sollen vier jüdische Siedlungen im Westjordanland aufgegeben werden. Ob durch die Räumung der israelischen Siedlungen der Friede zwischen Israel und Palästina endgültig einkehrt, bleibt abzuwarten.

Lutherisches Kirchenamt der VELKD und Kirchenamt der EKD (Hg.): Was jeder vom Judentum wissen muss. Gütersloh 1993[7].

1. **Erklärt folgende Äußerung von Joschka Fischer (siehe rechts)!**

2. **Informiert euch in aktuellen Tageszeitungen oder Magazinen wie „Der Spiegel" über den Stand des Friedensprozesses im Nahen Osten!**

3. **Recherchiert unter der Internetadresse www.wikipedia.de genauer über den „Balkan-" und den „Nordirlandkonflikt".**

„Wer die Verbindung vom Holocaust zu der Angst Israels um sein Existenzrecht nicht berücksichtigt, der kann den Nahost-Konflikt nicht verstehen." *(Joschka Fischer)*

Rolf Paasch: Israel in Schwarz und Weiß. In: Frankfurter Rundschau online vom 30.01.2004 unter www.frankfurter-rundschau.de

Religionskonflikte in Europa

Bei vielen bewaffneten Auseinandersetzungen in Europa spiel(t)en religiöse Motive eine Rolle. So gehören z.B. die verfeindeten Volksgruppen auf dem **Balkan** unterschiedlichen Religionen bzw. Konfessionen an:

- Kroaten = römisch-katholisch
- Serben = griechisch-orthodox
- Bosniaken und Kosovaren = Muslime

Auch im **Nordirlandkonflikt** ist die christliche Konfessionszugehörigkeit von entscheidender Bedeutung.

© Verlag an der Ruhr / Postfach 10 22 51 / 45422 Mülheim an der Ruhr / www.verlagruhr.de / ISBN 3-8346-0040-7

Religionskonflikte heute III

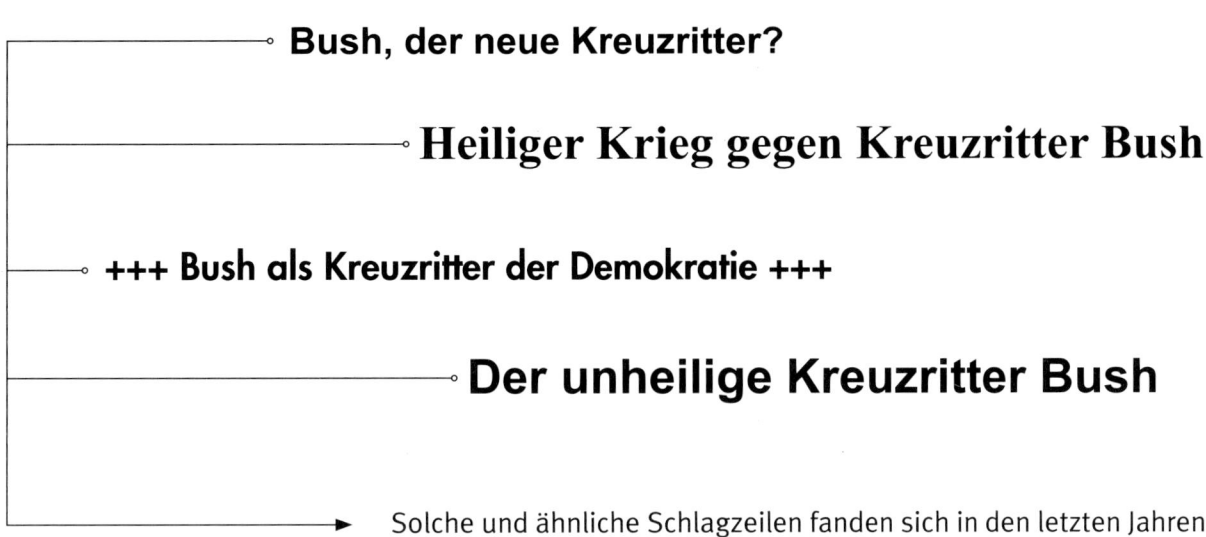

Bush, der neue Kreuzritter?

Heiliger Krieg gegen Kreuzritter Bush

+++ Bush als Kreuzritter der Demokratie +++

Der unheilige Kreuzritter Bush

Solche und ähnliche Schlagzeilen fanden sich in den letzten Jahren reihenweise in der Presse.

1. **Weshalb wird George Bush so oft als Kreuzritter bezeichnet? Sucht Parallelen zu den historischen Kreuzrittern (vgl. S. 42ff.)! Ist der Vergleich berechtigt?**

2. **Überlegt gemeinsam, welchen innenpolitischen Nutzen der Aufbau eines außenpolitischen Feindbildes hat!**

In einem **Interview** vom November 2000 äußerte sich **George Bush** folgendermaßen zum Verhältnis der Religionen:

> Waldmann: „Glauben Sie, dass alle großen Religionen gleichermaßen wahr sind?"
> Bush: „[...] Es gibt großartige Religionen auf der Welt. Das anzuerkennen ist wichtig. Es gibt viele gemeinsame Glaubenslehren. „Liebe deinen Nächsten wie dich selbst." Es gibt wundervolle Berufungen. Und ich bin zufälligerweise Christ. [...] Es ist meine Aufgabe, unterwegs zu bleiben und dabei andere zu respektieren. Andere und deren Religion."
>
> Interview mit George Bush von Steve Waldmann (Chefredakteur der amerikanischen Internetseite Beliefnet). Übersetzt von Burkhard Weitz unter www.chrismon.de/ctexte/2001/11/11-11.html

3. **Diskutiert über diese Aussage von George Bush vor dem Hintergrund seiner Außenpolitik der letzten Jahre. Bedenkt dabei: Das Interview stammt aus dem** Jahr 2000. Inwiefern hat der 11. September 2001 Bushs Einstellung verändert?

4. **Vergleicht George Bushs Auffassung mit der Grundhaltung von „Nathan dem Weisen"! Sucht Textstellen, die eure Meinungen belegen.**

© Verlag an der Ruhr / Postfach 10 22 51 / 45422 Mülheim an der Ruhr / www.verlagruhr.de / ISBN 3-8346-0040-7

Personenkonstellation I

Im Zentrum des Schauspiels steht die **Ringparabel**; von dieser ausgehend bzw. um diese herum ist das Stück angelegt (siehe S. 39f.). Die Aussagen der Ringparabel werden praktisch in Handlung umgesetzt. Die Botschaft der Parabel soll durch die Ereignisse im Stück nochmals verdeutlicht und für den Zuschauer veranschaulicht werden. Die theoretisch-philosophischen Überlegungen Nathans aus der Ringparabel werden in den Alltag übertragen und müssen sich bewähren. Das zeigt sich in der Personenkonstellation:

1. Ordnet die Figuren des Stückes in der folgenden Grafik nach ihrer Religionszugehörigkeit an. Schreibt dabei die Hauptpersonen in die Kästchen!

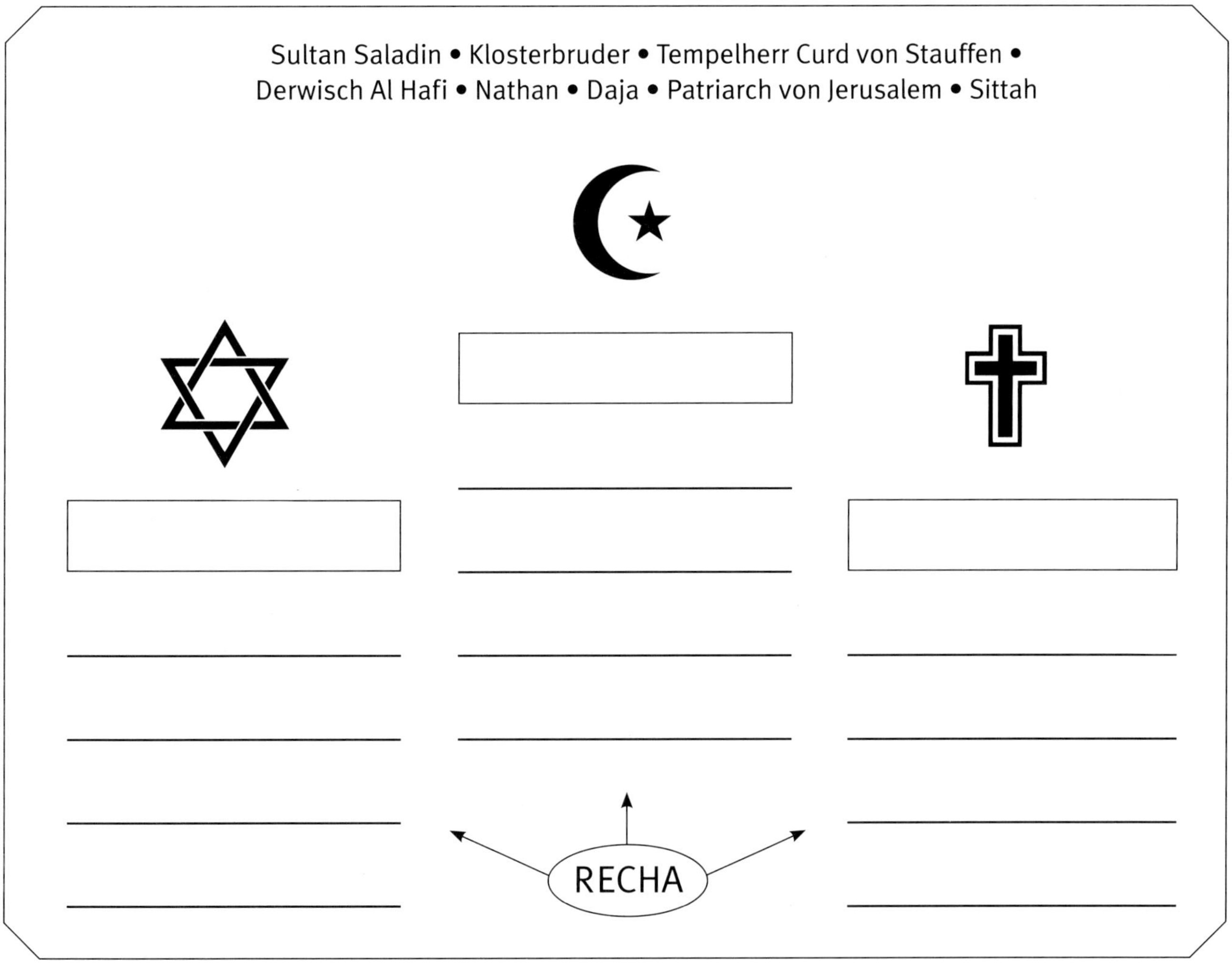

Sultan Saladin • Klosterbruder • Tempelherr Curd von Stauffen • Derwisch Al Hafi • Nathan • Daja • Patriarch von Jerusalem • Sittah

RECHA

2. Überlegt gemeinsam, warum Recha in der Mitte steht! Wo würde sie sich selbst zu Beginn des Stückes einordnen? Wo würde Daja sie einordnen? Wo steht sie aufgrund ihrer Herkunft?

Vertreter von drei in der Ringparabel genannten Religionen kommen also im Stück vor. Diese Menschen sollen, angeleitet v.a. durch Nathan, zu einem toleranten Miteinander im Alltag finden. Das ist das Thema des Stückes!

© Verlag an der Ruhr / Postfach 10 22 51 / 45422 Mülheim an der Ruhr / www.verlagruhr.de / ISBN 3-8346-0040-7

Personenkonstellation II

Versucht die folgenden Kurzcharakteristiken der jeweils richtigen Person zuzuordnen, ohne die Lektüre zur Hand zu nehmen!

1. Recha

2. Derwisch Al Hafi

3. Daja

4. Klosterbruder

5. Patriarch

6. Sultan Saladin

7. Curd von Stauffen

8. Sittah

9. Nathan

„So jung! So klug! So fromm!" (V. 3525)

„Ein dicker, roter, freundlicher Prälat!" (V. 2455)

„Kalte, ruhige Vernunft / Will alles über sie allein vermögen." (V. 3564f.)

„Er hat Verstand; er weiß / zu leben; spielt gut Schach." (V. 1062f.)

„... eine von den Schwärmerinnen, die / Den allgemeinen, einzig wahren Weg / Nach Gott zu wissen wähnen!" (V. 3587ff.)

„– Wilder, guter, edler – / Wie nenn ich ihn?" (V. 1514f.)

„– Ich hab in dem gelobten Lande, – / ... / Der Vorurteile mehr schon abgelegt. –" (V. 2134ff.)

„Ein Kleid, Ein Schwert, Ein Pferd, – und Einen Gott! / Was brauch ich mehr?" (V. 990f.)

„(ein verschmitzter Bruder!)" (V. 557)

© Verlag an der Ruhr / Postfach 10 22 51 / 45422 Mülheim an der Ruhr / www.verlagruhr.de / ISBN 3-8346-0040-7

Nathan I

1. **Sammelt möglichst viele Adjektive, die auf Nathan zutreffen!**

2. **Trägt Nathan den Beinamen „der Weise" zu Recht? Betrachtet hierfür Nathans Umgang mit Geld, sein erzieherisches Wirken, sein Verhältnis zur Religion und seinen Umgang mit den eigenen Lebenserfahrungen!**

3. **Diskutiert, was ihr jeweils unter „weise", „klug", „intelligent" und „schlau" versteht! Tragt eure Begriffsdefinitionen in ein Cluster ein (vgl. unten)! Sucht auch nach Personen, die diese Eigenschaften für euch verkörpern!**

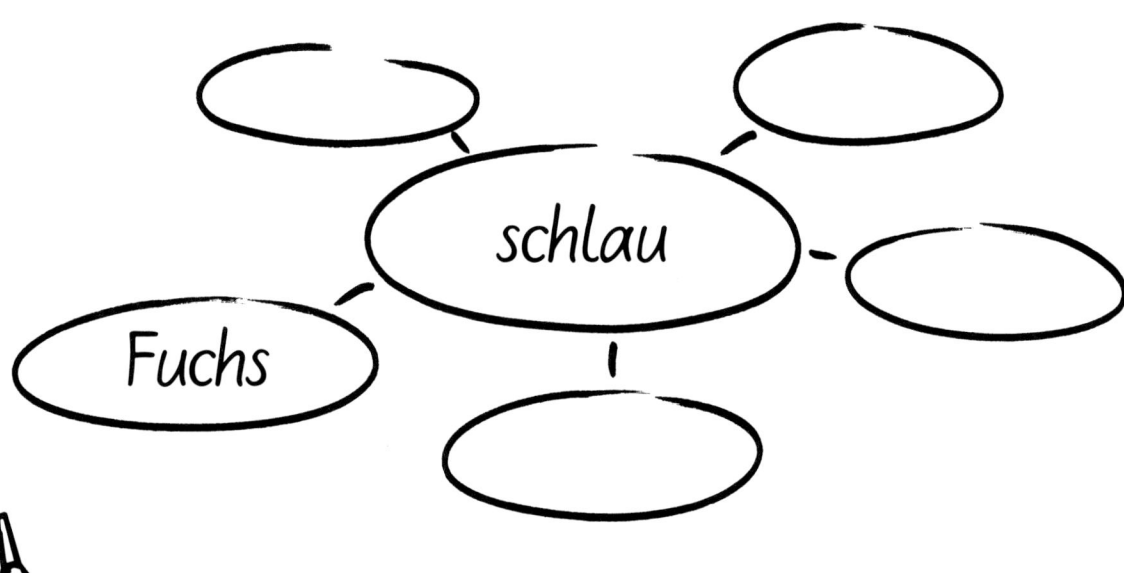

4. **Was meint ihr: Ist Nathan eine Märchenfigur oder gibt es solche vorbildlichen Menschen wirklich?**

5. **Versucht, die Figur des Nathan in unsere Zeit zu übertragen:**
   • **Welchen Beruf würde er ausüben? Wo würde er leben?**
   • **Welche Lebenserfahrungen hätten ihn geprägt?**
   • **Wie würde er seine Toleranz zeigen?**
   Erstellt in Partnerarbeit mit dem „heutigen Nathan" ein Interview zum Thema Toleranz! Berücksichtigt hierbei vor allem konkrete Erlebnisse im Leben des Befragten.

   Reporter: „Sehr geehrter Herr Nathan, ..."

   Nathan: „ ..."

© Verlag an der Ruhr / Postfach 10 22 51 / 45422 Mülheim an der Ruhr / www.verlagruhr.de / ISBN 3-8346-0040-7

Nathan II

31. Dez. 1777

Ich ergreife den Augenblick, da meine Frau [Eva König] *ganz ohne Besonnenheit liegt, um Ihnen für Ihren gütigen Anteil zu danken. Meine Freude war nur kurz: Und ich verlor ihn so ungern, diesen Sohn! denn er hatte so viel Verstand! so viel Verstand! - Glauben Sie nicht, daß die wenigen Stunden meiner Vaterschaft mich schon zu einem Affen von Vater gemacht haben! Ich weiß, was ich sage. - War es nicht Verstand, daß man ihn mit eisern Zangen auf die Welt ziehen mußte? dass er so bald Unrat merkte? - War es nicht Verstand, daß er die erste Gelegenheit ergriff, sich wieder davon zu machen? - Freilich zerrt mir der kleine Ruschelkopf auch die Mutter mit fort! - Denn noch ist wenig Hoffnung, daß ich sie behalten werde. - Ich wollte es auch einmal so gut haben wie andere Menschen! Aber es ist mir schlecht bekommen.*

10. Jenner 1778

Meine Frau ist tot; und diese Erfahrung habe ich nun auch gemacht. Ich freue mich, daß mir viel dergleichen Erfahrungen nicht mehr übrig sein können zu machen, und ich bin ganz leicht. - Auch tut es mir wohl, daß ich mich Ihres, und unsrer übrigen Freunde in Braunschweig, Beileids versichert halten darf.

Wolfgang Drews: Gotthold Ephraim Lessing. Hamburg 2001[27]. S. 137.

1. **Welche eigenen Lebenserfahrungen hat Lessing in der Person des Nathan aufgegriffen?**

2. **Stellt euch vor: Die Denunziation von Daja und dem Tempelritter ist erfolgreich. Der Patriarch findet heraus, wer der Jude ist, der ein Christenmädchen im jüdischen Glauben erzieht und es so seiner Religion entfremdet. Simuliert einen Prozess gegen Nathan! Verfasst hierzu sowohl eine Anklage- als auch eine Verteidigungsschrift! Zum Schluss des Prozesses sollt ihr ein Urteil über Nathan fällen! Überlegt dabei auch, ob es richtig ist, dass Nathan Recha niemals etwas über ihre wahre Herkunft erzählt hat.**

Zum Hintergrund: **Eva König** (*22.März 1736 in Heidelberg, † 10. Januar 1778 in Wolfenbüttel), geboren als Eva Catharina Hahn, war von 1756 an mit dem Hamburger Kaufmann Engelbert König verheiratet. 1767 begann ihre Freundschaft mit Lessing, der auch Pate ihres Sohnes Fritz wurde.

Nach dem Tod von Engelbert König 1768 kümmerte sich Lessing um die Witwe. Die Freundschaft mündete 1771 in eine Verlobung. Wegen des Nachlasses ihres Mannes musste Eva mehrmals für längere Zeit nach Wien und Lessing reiste 1775 mit dem Prinzen Leopold nach Italien; so bestand der Kontakt der beiden während der Verlobungszeit hauptsächlich aus dem bekannten Briefwechsel. Erst 1776 konnten sie in Jork (bei Hamburg) heiraten. Eva zog mit Lessing nach Wolfenbüttel, wo sie aber schon 1778 nach der Geburt des Sohnes Traugott starb. Ihr Grab in Wolfenbüttel ist „verschollen".

www.wikipedia.de

© Verlag an der Ruhr / Postfach 10 22 51 / 45422 Mülheim an der Ruhr / www.verlagruhr.de / ISBN 3-8346-0040-7

Nathan III

Literaturtipp:
Julia Dieter, Siegfried Haas:
Warum gerade ich?
Die Hiob-Geschichte
ISBN 3-86072-830-X

1. Häufig wird Nathan mit der alttestamentlichen Figur des Hiob verglichen. Sucht im folgenden Text nach Gemeinsamkeiten zwischen beiden Figuren, die diesen Vergleich rechtfertigen!

(1)Hiobs Frömmigkeit und Glück

Es war ein Mann im Lande Uz, der hieß Hiob. Der war fromm und rechtschaffen, gottesfürchtig und mied das Böse. (2)Und er zeugte sieben Söhne und drei Töchter, (3)und er besaß siebentausend Schafe, dreitausend Kamele, fünfhundert Joch[1] Rinder und fünfhundert Eselinnen und sehr viel Gesinde, und er war reicher als alle, die im Osten wohnten. (4)Und seine Söhne gingen hin und machten ein Festmahl, ein jeder in seinem Hause an seinem Tag, und sie sandten hin und luden ihre drei Schwestern ein, mit ihnen zu essen und zu trinken. (5)Und wenn die Tage des Mahles um waren, sandte Hiob hin und heiligte sie und machte sich früh am Morgen auf und opferte Brandopfer nach ihrer aller Zahl; denn Hiob dachte: Meine Söhne könnten gesündigt und Gott abgesagt haben in ihrem Herzen. So tat Hiob allezeit. [...] (13)An dem Tage aber, da seine Söhne und Töchter aßen und Wein tranken im Hause ihres Bruders, des Erstgeborenen, (14)kam ein Bote zu Hiob und sprach: Die Rinder pflügten und die Eselinnen gingen neben ihnen auf der Weide, (15)da fielen die aus Saba[2] ein und nahmen sie weg und erschlugen die Knechte mit der Schärfe des Schwerts, und ich allein bin entronnen, daß ich dir's ansagte. (16)Als der noch redete, kam ein anderer und sprach: Feuer Gottes fiel vom Himmel und traf Schafe und Knechte und verzehrte sie, und ich allein bin entronnen, daß ich dir's ansagte. (17)Als der noch redete, kam einer und sprach: Die Chaldäer[3] machten drei Abteilungen und fielen über die Kamele her und nah-

men sie weg und erschlugen die Knechte mit der Schärfe des Schwerts, und ich allein bin entronnen, daß ich dir's ansagte. (18)Als der noch redete, kam einer und sprach: Deine Söhne und Töchter aßen und tranken im Hause ihres Bruders, des Erstgeborenen, (19)und siehe, da kam ein großer Wind von der Wüste her und stieß an die vier Ecken des Hauses; da fiel es auf die jungen Leute, daß sie starben, und ich allein bin entronnen, daß ich dir's ansagte. (20)Da stand Hiob auf und zerriß sein Kleid und schor sein Haupt und fiel auf die Erde und neigte sich tief (21)und sprach: Ich bin nackt von meiner Mutter Leibe gekommen, nackt werde ich wieder dahinfahren. Der HERR hat's gegeben, der HERR hat's genommen; der Name des HERRN sei gelobt! – (22)In diesem allen sündigte Hiob nicht und tat nichts Törichtes wider Gott. [...] Und Gott schlug Hiob mit bösen Geschwüren von der Fußsohle an bis auf seinen Scheitel. (8)Und er nahm eine Scherbe und schabte sich und saß in der Asche. (9)Und seine Frau sprach zu ihm: Hältst du noch fest an deiner Frömmigkeit? Sage Gott ab und stirb! (10)Er aber sprach zu ihr: Du redest, wie die törichten Weiber reden. Haben wir Gutes empfangen von Gott und sollten das Böse nicht auch annehmen? In diesem allen versündigte sich Hiob nicht mit seinen Lippen.

Die Bibel nach der Übersetzung Martin Luthers in der revidierten Fassung von 1984. Deutsche Bibelgesellschaft. Stuttgart 1999.

2. Lest in der Bibel im Buch Hiob (v.a. Kapitel 42), wie es Hiob weiter erging! Versucht auch hier Parallelen zu Nathan herzustellen!

[1] Unter einem Joch (= Querholz im Nacken der Zugtiere) waren immer zwei Tiere eingespannt; also meint ein Joch ein Paar.

[2] Südarabischer Staat.

[3] Nachbarvolk aus dem mesopotamischen Raum.

3. Hiob gilt im Allgemeinen als Symbolfigur für die Theodizeefrage, die Frage nach der Gerechtigkeit Gottes. Befragt euren Religionslehrer, was man genau unter der Theodizeefrage versteht!

© Verlag an der Ruhr / Postfach 10 22 51 / 45422 Mülheim an der Ruhr / www.verlagruhr.de / ISBN 3-8346-0040-7

Sultan Saladin

Beispiel für die Rezeption Saladins im christlichen Europa: Saladin in einer ritterlichen Darstellung aus einer mitteleuropäischen Handschrift des 15. Jahrhunderts. www.wikipedia.de

Vorbild für Saladin in Lessings Schauspiel ist **Salah-ed-Din**, der von 1138 bis 1193 lebte und Sultan von Ägypten und Syrien war. Saladin stammte aus einer kurdischen Familie und wurde in Tikrit, im heutigen Irak geboren. Er diente in der Armee des syrischen Herrschers Nur ad-Din und wurde dort schon in jungen Jahren Oberbefehlshaber der syrischen Truppen in Ägypten. Bald stürzte er den dortigen Machthaber und übernahm die politische Macht. Nach dem Tod des syrischen Sultans konnte er seine Macht bis dorthin ausdehnen. 1187 schlug Saladin erfolgreich ein Kreuzfahrerheer bei Hattin und konnte in der Folge die wichtige Kreuzfahrerfestung Akko erobern. Anschließend nahm er Jerusalem kampflos ein. In dem Friedensschluss von 1192 mit dem englischen König Richard Löwenherz, der mit dem dritten Kreuzzug ins Heilige Land gekommen war, gewährte Saladin den christlichen Pilgern freien Zugang zu ihren heiligen Stätten; ein Großteil der vormaligen Kreuzfahrerstaaten blieb jedoch in muslimischer Hand. Saladin starb bereits 1193 in Damaskus.

Microsoft Encarta 98 Enzyklopädie

1. Saladin war der erste Herrscher einer neuen Dynastie. Entwerft für ihn ein Wappen, das seinen Charakter und seine politischen Anschauungen möglichst klar darstellt! Sammelt hierfür zunächst passende Zitate aus dem Drama!

2. Man sagt, mit der Figur des Saladin wollte Lessing den Herrschenden seiner Zeit – die sich ja nicht gerade durch Toleranz auszeichneten – ein glänzendes Vorbild vor Augen führen. Diskutiert über folgende Fragen: Wie tolerant darf bzw. kann ein Herrscher sein? Bedenkt dabei, dass ein Herrscher immer das „Wohl des Volkes" im Blick haben sollte!

© Verlag an der Ruhr / Postfach 10 22 51 / 45422 Mülheim an der Ruhr / www.verlagruhr.de / ISBN 3-8346-0040-7

Der Tempelherr I

Alterspyramide noch dramatischer verdreht
Christliche Orden leiden unter Nachwuchsmangel

„Kriege, Revolutionen und die Nazi-Diktatur hatten die Franziskaner überstanden – doch gegen die Entwicklung der modernen Gesellschaft konnten sie sich nicht mehr stemmen. Nach mehr als 350 Jahren mussten die Brüder im osthessischen Salmünster eines ihrer ältesten Klöster verlassen. [...] Heute fehlt dem Orden der Nachwuchs. Damit steht er nicht allein. Überall in Deutschland müssen die christlichen Gemeinschaften Häuser aufgeben. [...] Frauenorden machen ähnliche Erfahrungen. [...] Äbtissin Ursula Schwalke [...]: „[...] die Klöster werden kleiner. Das ist schon seit Jahren zu beobachten." [...] Für junge Menschen wirkt ein Leben in einer kirchlichen Gemeinschaft kaum noch attraktiv. [...] Das hohe Durchschnittsalter vieler Gemeinschaften [...] macht den Schritt nicht leichter. [...]"

Jan Kuhlmann (dpa). In: Lauterbacher Anzeiger vom 1.2.2005.

In der Zeit der Kreuzzüge spielten christliche Orden eine wichtige Rolle. So ist auch Curd von Stauffen Mitglied eines der wichtigsten Ritterorden, der Tempelritter:

1. **Informiert euch z.B. auf folgender Internetseite www.orden.de/ordensl/ogeluebde.php darüber, welche Verpflichtungen man mit dem Eintritt in ein Kloster eingeht. Welche Gelübde muss ein Mönch ablegen?**

2. **Warum treten eurer Meinung nach immer weniger junge Menschen in ein Kloster ein?**

3. **Warum erschien die Mitgliedschaft in einem christlichen Orden damals vielen jungen Männern so attraktiv? Warum könnte Curd von Stauffen beigetreten sein?**

Während der Kreuzzüge wurden im Heiligen Land mehrere ritterliche Gemeinschaften gegründet: die Templer, die Johanniter und der Deutsche Orden. Die ursprünglichen Aufgaben ihrer Mitglieder, die zugleich Mönche und Ritter waren, bestanden in der Krankenpflege und dem Schutz der Pilger auf dem Weg zu den heiligen Stätten. Doch mit der Zeit übernahmen diese Orden immer mehr militärische Aufgaben. Erkennen konnte man die Ordensmitglieder an einer besonderen Tracht: schwarzes Kreuz auf weißem Mantel für die Ritter des Deutschen Ordens, ein weißer Mantel mit achtspitzigem rotem Kreuz auf der linken Brust für den **Templerorden**. Der 1119 gegründete Templerorden hieß ursprünglich „Orden der armen Ritter Christi". Templer wurden sie genannt, weil ihr Hauptquartier auf dem Jerusalemer Tempelberg (siehe S. 47) lag. Die Hauptaufgabe der Templer bestand darin, christliche Pilger, die nach der Rückeroberung Jerusalems ins Heilige Land kommen wollten, zu schützen. Doch der Orden war – im Gegensatz zu den beiden anderen – von Anfang an militärischer orientiert. Nach dem Ende der Kreuzfahrerstaaten[1] suchten sich die Ritterorden neue Heimatländer: Der Deutsche Orden errichtete einen eigenen Staat auf dem Gebiet des späteren Ost- und Westpreußens. Die Johanniter siedelten nach Malta über und heißen deswegen auch „Malteser". Beide Orden existieren auch heute noch. Der Templerorden wurde hingegen im 14. Jh. von Papst Klemens V. aufgelöst. Viele seiner ehemaligen Mitglieder wurden Opfer der Inquisition, also der Ketzerverfolgung.

[1] Die Kreuzfahrerstaaten im engeren Sinne sind die als Ergebnis des ersten Kreuzzuges in Palästina und Syrien errichteten vier Staaten: das Königreich Jerusalem, das Fürstentum Antiochia, die Grafschaft Edessa und die Grafschaft Tripolis.

© Verlag an der Ruhr / Postfach 10 22 51 / 45422 Mülheim an der Ruhr / www.verlagruhr.de / ISBN 3-8346-0040-7

Der Tempelherr II

Curd von Stauffen wurde durch die Gefangennahme und die anschließende überraschende Begnadigung, aber auch durch seine Liebe zu Recha zutiefst in seiner Identität erschüttert. Er durchläuft im Drama einen langen Erziehungs- bzw. Entwicklungsprozess mit Höhen und Tiefen, bis er zu einem aufgeklärten Menschen wird.

1. Versucht, diesen Prozess in der folgenden Grafik darzustellen!

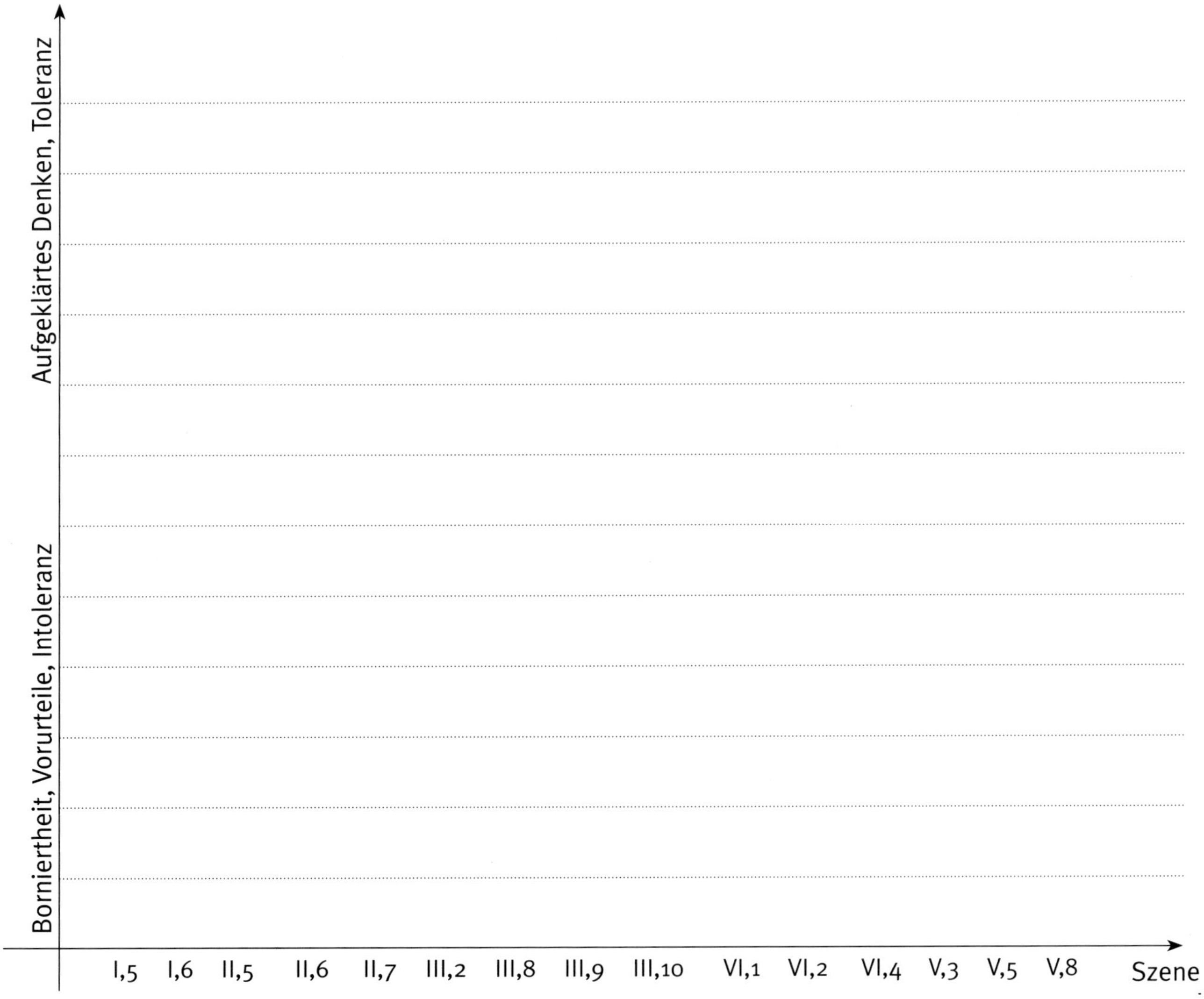

2. Nach der Enthüllung der Verwandtschaftsverhältnisse schreibt Curd von Stauffen einen Brief an seinen Abt, in dem er seinen Austritt aus dem Orden mitteilt und ausführlich begründet. Verfasst diesen Brief!

© Verlag an der Ruhr / Postfach 10 22 51 / 45422 Mülheim an der Ruhr / www.verlagruhr.de / ISBN 3-8346-0040-7

Der Patriarch

Historisches Vorbild für die Figur des Patriarchen war der zu Lebzeiten Saladins in Jerusalem amtierende **Patriarch Heraklius**, der – wie Quellen berichten – sich allerlei Vergnügungen hingab und sein Amt in keinster Weise angemessen ausübte. Es war jedoch nicht Lessings Absicht, diese Figur nachzuzeichnen. Vielmehr begegnet uns im Patriarchen ein machtbewusster und autoritärer Vertreter des Christentums, der mit seiner borniertten (einfältigen) Rechthaberei Rechas und Nathans Familienglück, ja sogar ihr Leben, bedroht und sich in keinster Weise erziehbar zeigt. Dennoch wirkt die Figur des Patriarchen auch in gewisser Weise lächerlich.

Eine **Satire** dient der literarischen Verspottung von Missständen, Anschauungen, Personen oder Ereignissen, an denen Kritik geübt werden soll. Der Spott wird jedoch nicht direkt, sondern durch überspitzte Nachahmung ausgedrückt. Als **Parodie** bezeichnet man die Nachahmung eines bekannten dichterischen Werkes oder einer bekannten Persönlichkeit in einer zugespitzten, überzeichneten und damit verspottenden Art und Weise. Grundlage dafür ist, dass dem Leser/ Zuschauer der parodierte Text oder die parodierte Person gut bekannt ist.

1. **Sucht im Diskussionsverhalten des Patriarchen (IV, 2) nach Hinweisen auf eine Satire! Wo hat Lessing die Figur überzeichnet?**

2. **Wählt eine bekannte Person des öffentlichen Lebens aus! Welche Charakterzüge sind für diese Person typisch? Verfasst nun eine Satire oder parodiert diese Person in einer kurzen Vorführung!**

An Johann Gottfried Herder   Wolfenbüttel, den 10. Jenner 79

„[...] Ich will hoffen, daß Sie weder den Prophet Nathan, noch eine Satire auf Goezen erwarten. [...]"

Peter von Düffel: Erläuterungen und Dokumente. G. E. Lessing, Nathan der Weise. Stuttgart 2005. S. 107.

3. **Viele Interpreten sehen im Patriarchen eine Parodie des Hamburger Hauptpastors Goeze (vgl. S. 34f.), auch wenn Lessing dies immer bestritten hat. Sucht nach Gemeinsamkeiten zwischen den beiden Figuren und überprüft diese Deutung!**

© Verlag an der Ruhr / Postfach 10 22 51 / 45422 Mülheim an der Ruhr / www.verlagruhr.de / ISBN 3-8346-0040-7

Handwerkszeug –
Personencharakterisierung

Der Klosterbruder

Der Klosterbruder tritt in den Szenen I, 5; IV, 1; IV, 7 und V, 4 auf. Mit Hilfe dieser Textstellen werdet ihr die folgenden Fragen beantworten können:

> Als der Klosterbruder beim Patriarchen Zuflucht sucht und diesen um eine neue Einsiedelei bittet, bekommt er den Auftrag, einen kurzen Lebenslauf zu verfassen.

1. Sammelt einige Stichpunkte zum Lebenslauf des Klosterbruders.

Streicht die Eigenschaften durch, die nicht zum Klosterbruder passen, und begründet jeweils eure Entscheidung:

fromm – naiv – gehorsam – intolerant – ehrlich – einfältig – zupackend – ironisch – gesellig – unbelehrbar – vorbildlich – zuverlässig – human – gebildet

2. Durch welche Redewendung verdeutlicht der Klosterbruder in Szene I, 5, dass er einen Auftrag des Patriarchen ausführt, der ihm – wie er Nathan später gesteht – Ekel bereitet (vgl. V. 5951ff.)?

3. Beschreibt die Rolle, die der Klosterbruder bei der Aufklärung der Verwandtschaftsverhältnisse spielt!

4. Wie begründet der Klosterbruder, warum er Recha bei Nathan in Pflege gegeben hat?

5. Verfasst nun – ausgehend von den oben gewonnenen Erkenntnissen – eine Personencharakterisierung des Klosterbruders. Greift dafür Aussagen der Figur über sich selbst (Selbstcharakteristik) und Aussagen anderer über ihn (Fremdcharakteristik) auf! Stellt auch die Funktion des Klosterbruders in der Handlung des Stückes dar! Sucht nach einer sinnvollen Gliederung der Ausführungen und belegt eure Aussagen durch treffende Textzitate!

© Verlag an der Ruhr / Postfach 10 22 51 / 45422 Mülheim an der Ruhr / www.verlagruhr.de / ISBN 3-8346-0040-7

Die Frauenfiguren I

Recha, Nathans angenommene Tochter, ist eigentlich die Tochter von Saladins Bruder Assad und einer Schwester Conrads von Stauffen. Sie hieß damals Blanda von Filnek, was so viel wie „zärtlich" bedeutet. Nachdem Rechas Mutter bei ihrer Geburt gestorben ist und der Vater, der zum Christentum übergetreten ist und auf christlicher Seite kämpft, im Kampf gefallen ist, hat ein Reitknecht (der Klosterbruder) das Baby zu Nathan gebracht. Dieser nimmt Recha als Pflegekind an und erzieht sie. Zuerst wird Recha von einer Amme betreut, später von Daja. Recha zeichnet sich durch Klugheit und Frömmigkeit aus. Wie sie selbst sagt, wurde sie von Nathan erzogen durch „[...] den Samen der Vernunft, den er so rein in meine Seele streute." (V. 1564f.). Befähigt durch diese Erziehung kann sie auch ihren Wunderglauben überwinden (vgl. I, 2). Nathan hat sie in seiner großen Liebe zu einer so gefestigten Persönlichkeit erzogen, dass sie den Schock und die Identitätskrise, die das Wissen um ihre eigentliche Herkunft in ihr auslösen, relativ rasch überwinden kann.

1. **Fertigt einen Tagebucheintrag Rechas am Abend ihrer Rettung aus dem Feuer an!**

2. **Inwiefern verkörpert Recha für Lessing ein Idealbild?**

Sittah lernt der Leser/Zuschauer als Schachpartnerin ihres Bruders kennen. In dieser Szene (II, 1) zeigt sich einerseits ihre kühle, planerische Intelligenz, mit der sie – genauso wie ihre Schachzüge – später auch die Falle für Nathan ersinnt (vgl. V. 1144f.) und ihren Bruder davon überzeugt, diese auch anzuwenden. Andererseits erweist sie sich als kluge Zuhörerin mit einem großen Sinn für die politische Realität. So sieht sie z.B. die Pläne ihres Bruders, den Waffenstillstand durch eine Doppelhochzeit zu verlängern, mit einiger Skepsis. Auch die finanzielle Lage des Hauses schätzt sie sehr realistisch ein und stellt das beim Schachspiel gewonnene Geld der allgemeinen Kasse zur Verfügung. Den christlichen Missionseifer betrachtet Sittah äußerst kritisch – ihr geht es mehr um die Menschlichkeit (vgl. V. 868); über ihr Verhältnis zum muslimischen Glauben erfährt man leider nichts. Als freundschaftliche und verständnisvolle Zuhörerin tritt sie auch Recha gegenüber, als das – durch die Andeutungen Dajas über ihre wahre Herkunft – völlig verunsicherte Mädchen auf Sittahs Einladung zu ihr in den Palast kommt. Die Aufklärung der Verwandtschaftsverhältnisse treibt Sittah voran, indem sie Saladin ein Bild ihres verschollenen Bruders Assad zeigt (vgl. V. 2619ff.).

© Verlag an der Ruhr / Postfach 10 22 51 / 45422 Mülheim an der Ruhr / www.verlagruhr.de / ISBN 3-8346-0040-7

Die Frauenfiguren II

Die Witwe **Daja** folgte ihrem Ehemann, einem Schweizer Soldaten, der auf dem Kreuzzug mit Kaiser Barbarossa 1190 im Fluss Saleph ertrank,[1] ins Heilige Land (vgl. V. 754ff.). Daja fühlt sich einerseits Nathan, der sie reich beschenkt und ihr vertraut, verpflichtet. Sie pflegt und erzieht Recha liebevoll wie eine Mutter (vgl. V. 3579ff.). Andererseits plagt Daja ihr Gewissen (vgl. V. 46f.) angesichts des Geheimnisses um Rechas christliche Herkunft, denn Daja hält den christlichen Glauben für den allein seligmachenden. Sie ist – wie Recha richtig erkennt „[…] eine von den Schwärmerinnen, die / den allgemeinen, einzig wahren Weg / Nach Gott zu wissen wähnen!" (V. 3587ff.). So hat Daja das Mädchen nach deren Rettung aus dem Feuer auch in ihrem schwärmerischen Engelsglauben bestärkt, dem „[…] Wahn, in dem sich Jud' und Christ und Muselmann vereinigen" (V. 151ff.). Daja möchte Recha „in den Schoß der christlichen Kirche zurückführen". So versucht die Kinderfrau, eine Verbindung Rechas mit dem Tempelherr zu fördern, zumal eine solche Heirat auch ihr die Chance einer Rückkehr nach Europa bieten würde. Als Daja diese Hoffnungen angesichts von Nathans abwartendem Verhalten schwinden sieht, verrät sie dem Tempelherren, was sie über Rechas Herkunft weiß. Durch diesen Verrat wird die Spannung im Drama gesteigert, denn Daja gefährdet damit nicht nur Nathan, sondern auch das ihr anvertraute Mädchen. Als Daja angesichts Rechas Einladung in Saladins Palast befürchtet, dass Recha mit einem Muslim verheiratet werden soll, eröffnet sie schließlich auch dem Mädchen das Geheimnis seiner christlichen Herkunft und stürzt es dadurch in eine tiefe Identitätskrise.

[1] Hier finden wir eine geschichtliche Unstimmigkeit, denn Daja hat Recha ja als Kindermädchen betreut, müsste sich also wesentlich früher in Palästina aufgehalten haben.

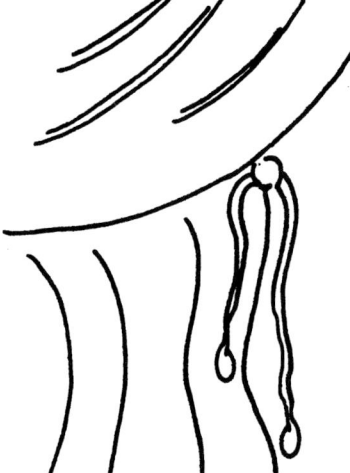

1. Daja wird nach ihrem letzten Auftritt in Szene IV, 8 nicht mehr erwähnt. Wie könnte ihr weiteres Schicksal aussehen? Wie wird sie auf die „Familienzusammenführung" reagieren? Verfasst und spielt eine Szene zwischen Recha und Daja, in der Recha ihre Kinderfrau über die nun aufgedeckten Verwandtschaftsverhältnisse informiert!

2. Ein Grundgedanke der Aufklärung war die Gleichberechtigung der Frau (siehe S. 29). Überprüft die Frauenfiguren im Stück: Handelt es sich um moderne Frauen, die z.B. eine eigenständige Meinung vertreten, unabhängig denken usw.? Welches Frauenbild vermittelt Lessing im Nathan?

„Nathan der Weise" – ein Erziehungsdrama

> Nathan der Weise wird häufig auch als Erziehungsdrama bezeichnet, da in dem Stück – vor allem durch Nathan – verschiedene Personen zu besseren Menschen erzogen werden. So wird z.B. Sultan Saladin durch die Ringparabel zu einem toleranteren Herrscher.
>
> Gerhard Sedding, Gotthold Ephraim Lessing: Nathan der Weise. Lektürehilfen. Stuttgart 2001[14].

1. **Lest gemeinsam Auftritt I, 2. Mit welchen Methoden versucht Nathan andere Menschen zu erziehen? Inwiefern lassen sich hier Parallelen zum Schulsystem der Aufklärung (siehe S. 25) herstellen? Würdet ihr diese Form der Erziehung als modern bezeichnen?**

2. **Ordnet folgende Eigenschaften einerseits einem nach alten Mustern denkenden Menschen und andererseits einem aufgeklärten Menschen zu:**
   autoritätshörig – vernunftsdenkend – intolerant – human – wahrheitssuchend – wundergläubig – schwärmerisch – fanatisch – lernfähig – eigenverantwortlich

3. **Manche Figuren durchlaufen im Stück einen Erziehungsprozess. Tragt in die folgende Tabelle ein, wo sie bei ihrem ersten (Kennzeichnung durch A) und bei ihrem letzten Auftreten (E) im Stück in ihrer Persönlichkeitsentwicklung stehen. Überlegt dann, ob die Figuren erfolgreich einen Erziehungsprozess durchlaufen haben!**

traditioneller Mensch / aufgeklärter Mensch

	1	2	3	4	5	6	7	8	9	10
Sittah										
Daja										
Recha										
Saladin										
Klosterbruder										
Patriarch										

4. **Sprecht am Beispiel der oben genannten Figuren über die Chancen und Grenzen von Erziehung! Was kann sie bewirken, was nicht?**

© Verlag an der Ruhr / Postfach 10 22 51 / 45422 Mülheim an der Ruhr / www.verlagruhr.de / ISBN 3-8346-0040-7

Die Schlussszene –
Realität oder Vision?

1. Ergänzt die Verwandtschaftsverhältnisse!

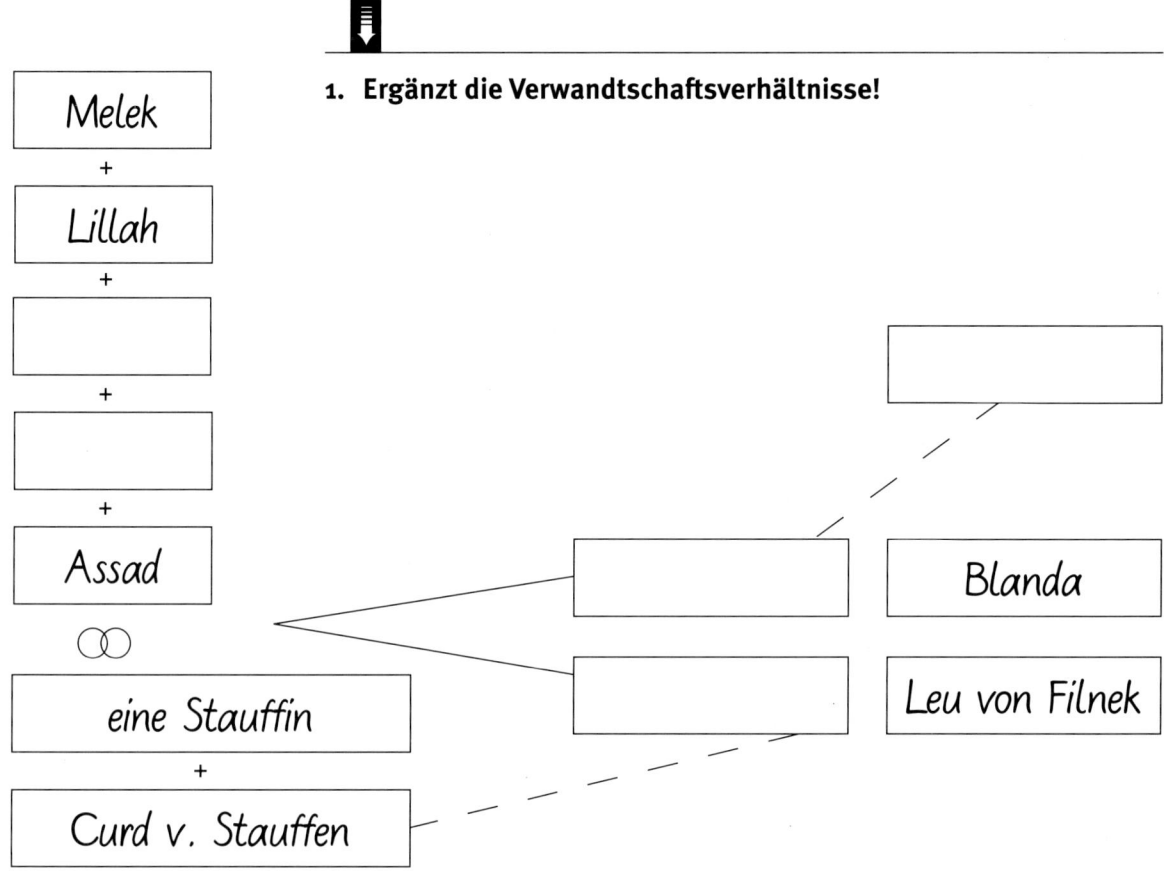

> 99 *Schon immer hat mich am Stück ‚Nathan der Weise' gestört, dass der Schluss so unrealistisch ist. Auf einmal stellen alle fest, dass sie miteinander verwandt sind, und es herrscht eitel Sonnenschein* 66 ,

sagte mir einmal eine Leserin des Werkes.

2. Natürlich kommt der Schluss des Dramas etwas überraschend und wirkt zunächst unwahrscheinlich. Doch Lessing will hier noch einmal eine klare Botschaft vermitteln. Versucht, diese Botschaft in einem Satz zu formulieren!

3. Herrscht nun „Friede, Freude, Eierkuchen", weil alle eine große Familie sind? Überlegt, wie Familienangehörige miteinander und mit Konflikten umgehen, aber auch, was zwischen ihnen anders ist als zwischen Freunden!

4. Im Zuge der Globalisierung entstehen immer mehr Ehen und Familien, bei denen die Partner unterschiedlichen Religionen angehören und aus unterschiedlichen Kulturkreisen stammen. Vor welchen Problemen stehen bi- oder multireligiöse Familien im Alltag?

5. Schreibt den Schluss des Dramas um, sodass es kein Happy End gibt!

© Verlag an der Ruhr / Postfach 10 22 51 / 45422 Mülheim an der Ruhr / www.verlagruhr.de / ISBN 3-8346-0040-7

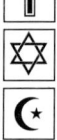

Grundelemente des Dramatischen I

Verschiedene Gattungen:

Wir unterscheiden in der Literatur zwischen drei Hauptgattungen von Texten: **Epik** (erzählende Dichtung), **Lyrik** (Gedichte, vorwiegend in gebundener Sprache) und **Dramatik** (in Dialog oder Monolog dargestelltes Geschehen). Die Untergliederung in Gattungen ist jedoch eher als Hilfsmittel zu verstehen, da oft eine Vermischung stattfindet. So gibt es z.B. Dramen mit epischen Zügen, das so genannte „epische Theater". Goethe sah in der Ballade das „Urei" der Gattungen, da sie zu gleichen Teilen lyrische, epische und dramatische Elemente enthalte.

Ordnet die folgenden literarischen Gattungen der richtigen Hauptgattung zu:
Komödie – Roman – Hörspiel – Ode – Bürgerliches Trauerspiel – Kurzgeschichte – Sonett – Novelle – Tragödie – Schwank – Fabel – Märchen – Volkslied – Legende – Sage – Chanson

Besonderes Gattungsmerkmal des **Dramas** ist die „Unmittelbarkeit der Darstellung"[1], d.h. das Geschehen ereignet sich erst im Moment der Wahrnehmung, der Zuschauer kann es direkt – ohne Zeitverzögerung – mitverfolgen. Gelegentlich wird diese Unmittelbarkeit beim epischen Theater durchbrochen, z.B. durch das Auftreten eines Erzählers. Das Drama ist in Dialog- bzw. Monologform verfasst. Um die Umsetzbarkeit im Theater zu gewährleisten, beschränkt sich das Drama auf das Wesentliche und hält sich klassischerweise an die drei Einheiten von Raum, Zeit und Handlung: Ein Drama spielt an einem Ort, in einem eng begrenzten Zeitraum und umfasst nur einen Handlungsstrang.

Verschiedene Grundtypen des Dramas:

a. Tragödie und Komödie.
Ein Schauspiel mit komischem oder heiterem Inhalt und „Happy End" nennt man Komödie. Eine Tragödie hingegen thematisiert einen ernsten Konflikt und endet mit dem Scheitern des Protagonisten, das meistens von diesem unverschuldet ist.

b. Analytisches und synthetisches Drama
Das analytische Drama klärt ein Ereignis auf, das sich vor dem Beginn des Stückes ereignet hat (z.B. Heinrich Kleist, Der zerbrochene Krug). Die Handlung des synthetischen Dramas hingegen entwickelt sich auf ein Ereignis am Ende hin.

[1] Vgl. Dieter Gutzen, Norbert Oellers, Jürgen H. Petersen: Einführung in die neuere deutsche Literaturwissenschaft. Berlin 1989[6]. S. 50.

© Verlag an der Ruhr / Postfach 10 22 51 / 45422 Mülheim an der Ruhr / www.verlagruhr.de / ISBN 3-8346-0040-7

Grundelemente des Dramatischen II

1. „Nathan der Weise" enthält synthetische wie analytische Handlungsstränge. Ordnet die folgenden beiden Stichpunkte richtig in die Tabelle ein: Aufklärung der Verwandtschaftsverhältnisse – Erziehung der Figuren zu aufgeklärten Menschen!

Synthetisches Element	Analytisches Element

Aufbau eines Dramas:

Klassischerweise sind Dramen in einen, drei oder (seit der Renaissance) auch in fünf Akte untergliedert. Dabei entspricht die Gliederung in Akte auch immer einer inneren Gliederung der Handlung. Nach Gustav Freytag ist das fünfaktige Drama folgendermaßen aufgebaut:

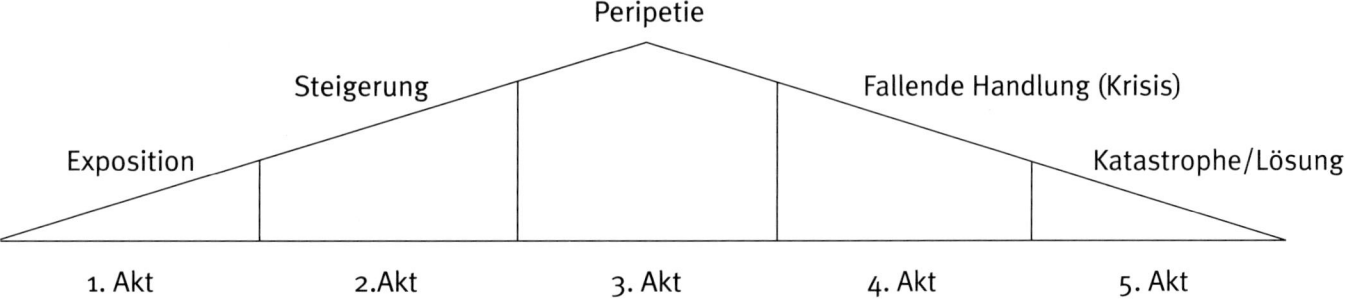

In der **Exposition** werden dem Zuschauer Ort, Zeit und die Personen vorgestellt und er wird mit der Ausgangssituation bekannt gemacht. Hier werden auch schon mögliche Konflikte, die das Stück bestimmen könnten, angedeutet. Im **zweiten Akt** steigert sich das Geschehen Richtung Höhepunkt. Die Konflikte zeichnen sich immer klarer ab und spitzen sich zu. Im dritten Akt, der so genannten **Peripetie**, wechselt die Handlung vom Höhepunkt zur Krise, die sich immer deutlicher abzeichnet und sich **im vierten Akt** zuspitzt. Gleichzeitig wird nun schon die **Lösung** des Konflikts vorbereitet, auf die der Zuschauer wartet. Im **letzten Akt** schließlich lösen sich die dramatischen Verstrickungen.

2. Tragt in das Schaubild oben die Ereignisse der einzelnen Akte aus „Nathan" ein. Überprüft nun, inwieweit sich Lessing an die dramatische Form gehalten hat!

Lessing als Dramentheoretiker I

> **Johann Christoph Gottsched** (1700–1766) gilt als Begründer des deutschen Nationaltheaters. Er griff die antike Dramentheorie des Aristoteles auf und formulierte auf deren Grundlage in seinem Buch „Critische Dichtkunst" eine Dramentheorie für die deutsche Dichtung. Auch Lessing besann sich in seiner 1767/69 erschienenen „Hamburgischen Dramaturgie" auf Traditionen, entwickelte sie jedoch entscheidend weiter und wurde so auch z. T. zum Vorbild für die deutsche Klassik.

Gottsched	Lessing
▪ Theater soll lehrreich sein und moralische Grundsätze veranschaulichen. Tragödien sollen beim Zuschauer Mitleid und Schrecken erzeugen und somit eine Reinigung bewirken.	
▪ Die Gattungen sind durch klare Regeln streng voneinander abgegrenzt.	
▪ Tragödien sind im Adelsmilieu angesiedelt, Komödien hingegen spielen in den niederen Ständen.	
▪ Tragödien werden in Versform und gehobener Sprache verfasst; gängigstes Versmaß war der aus dem französischen Drama stammende Alexandriner, ein sechshebiger Jambus. Komödien sind in Prosa geschrieben.	
▪ Die Einheit von Raum, Zeit und Handlung ist zu wahren.	
▪ Als Vorbilder gelten die Autoren der französischen Klassik (wie Moliére, Racine und Corneille).	

Schneidet Lessings Vorstellungen auf der nächsten Seite aus und klebt sie so in die Tabelle ein, dass sich die Inhalte genau gegenüberstehen!

© Verlag an der Ruhr / Postfach 10 22 51 / 45422 Mülheim an der Ruhr / www.verlagruhr.de / ISBN 3-8346-0040-7

Lessing als Dramentheoretiker II

- Lessing siedelt Komödien wie „Minna von Barnhelm" im Adelsmilieu an und verfasst mit „Miss Sarah Sampson" das erste bürgerliche Trauerspiel in Deutschland.

- Lessing legt mehr Wert auf eine innere Ganzheit der Handlung.

- Dramen sind für Lessing absichtsvoll konstruierte Modelle der Wirklichkeit. Sie sollen beim Zuschauer Mitleid und Furcht erzeugen. Deshalb braucht es gemischte Charaktere, wahre Menschen mit Tugenden und Fehlern. Denn aus der Ähnlichkeit der Figuren mit dem Zuschauer entsteht eine Identifikationsmöglichkeit.

- Lessing fügt komische und tragische Elemente zusammen.

- Lessing orientiert sich an Shakespeare.

- Lessing verfasst Tragödien wie „Emilia Galotti" in Prosa und verwendet den Blankvers, einen reimlosen fünfhebigen Jambus.

Zwei der wichtigsten theoretischen Vorstellungen von Lessing sollen am Beispiel des „Nathan" verdeutlicht werden:

Lessing nennt Nathan der Weise ein „dramatisches Gedicht", denn es verbindet komische und tragische Elemente. Ordnet diese richtig in die folgende Tabelle ein:
Kreuzzüge – Nathans Ironie – Patriarch als Satire – Nathans Bedrohung durch den Fanatismus des Patriarchen – verworrene Verwandtschaftsverhältnisse – verschmitzte Art des Klosterbruders – Nathans Lebenserfahrungen

Tragische Elemente	Komische Elemente

© Verlag an der Ruhr / Postfach 10 22 51 / 45422 Mülheim an der Ruhr / www.verlagruhr.de / ISBN 3-8346-0040-7

Lessing als Dramentheoretiker III

> Vor der Französischen Revolution, also zu Lebzeiten Lessings, waren die Menschen im europäischen Abendland aufgrund ihrer Abstammung in drei verschiedene Gruppen, die **Stände**, unterteilt. Über die größte Macht verfügten der König und der Adel. Letzterem gehörten jedoch die wenigsten Menschen an. Der dritte Stand hingegen, in dem sich der Großteil der Bevölkerung wiederfand, war fast rechtlos. Gewählte Vertreter der drei Stände trafen sich auf den Reichstagen und Ständeversammlungen, die vom König einberufen wurden, um politische Fragen zu beraten.

1. **Weist die Personen des Stückes den jeweiligen Ständen zu! Beachtet dabei, dass manche Personen aufgrund der Entwicklung der Handlung zwei Ständen zugeteilt werden können!**
   Sultan Saladin – Klosterbruder – Tempelherr Curd von Stauffen – Derwisch Al Hafi (Achtung!) – Nathan – Daja – Patriarch von Jerusalem – Sittah – Recha

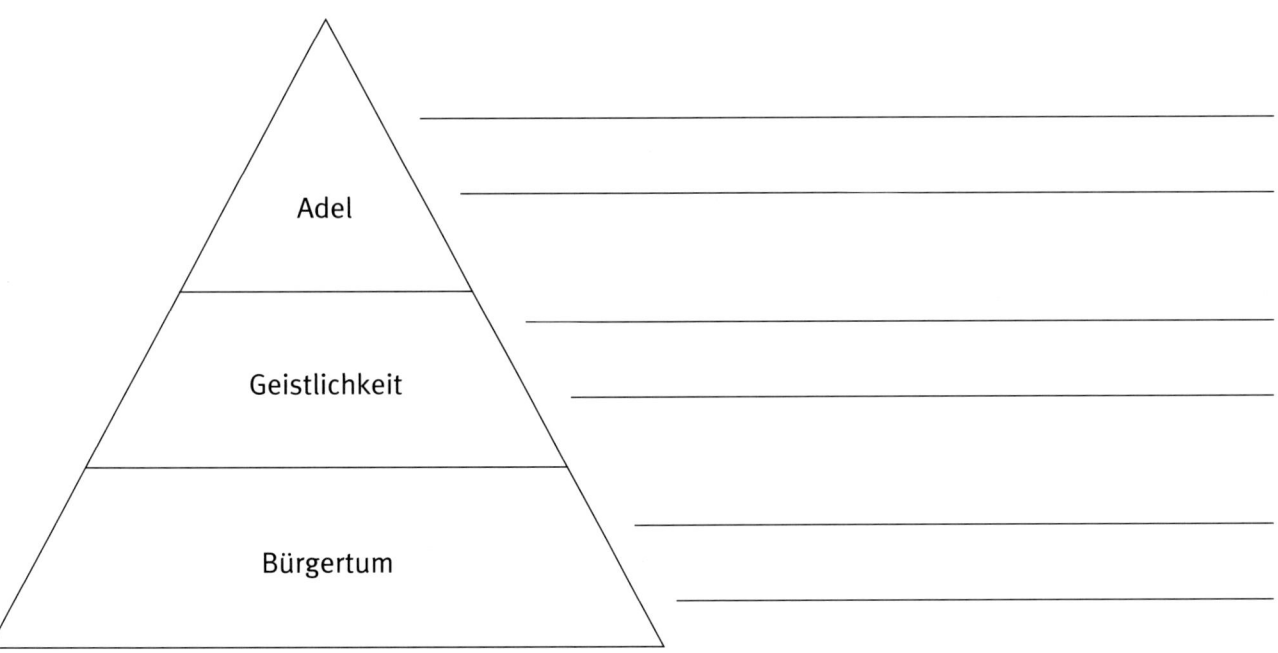

a. **Wie gehen die Personen der unterschiedlichen Stände im Drama miteinander um? Gibt es Vorbehalte gegenüber Vertretern eines anderen Standes?**
b. **Betrachtet die Sprache bzw. das Sprachniveau der Vertreter der verschiedenen Stände! Was fällt euch auf?**

© Verlag an der Ruhr / Postfach 10 22 51 / 45422 Mülheim an der Ruhr / www.verlagruhr.de / ISBN 3-8346-0040-7

Eine Szene aus dem Stück spielen

1. **Wählt eine beliebige Szene, die ihr spielen wollt, aus dem Drama aus. Folgende Fragen solltet ihr klären:**

Ort: Wo spielt die Szene? Wie stellt man sich diesen Ort vor? Vielleicht habt ihr ja im Kunstunterricht die Möglichkeit, ein Bühnenbild in ausreichender Größe herzustellen. Wenn nicht, skizziert auf einem DIN-A3- oder DIN-A4-Blatt, wie eurer Meinung nach ein passendes Bühnenbild für diese Szene aussehen könnte!

Personen: Welche Personen sind an dieser Szene beteiligt? Wer soll die Rollen spielen? Wie stellen wir uns die Personen vor? Welche Kleidung sollen sie tragen, wie sollen sie aussehen?

Handlung: Wie lassen sich die Regieanweisungen in Handlung umsetzen? Woher kommen bzw. wo stehen die Personen? Bewegen sie sich während der Szene? Kommen neue Personen hinzu? Werden irgendwelche Requisiten benötigt, z.B. ein Schachspiel im ersten Auftritt des zweiten Aufzuges.

2. **Nun lesen alle Schauspieler mehrmals die Szene laut vor. Achtet darauf, nicht immer am Zeilenende eine Pause einzulegen, sondern dem Sinn entsprechend zu betonen. Überlegt dabei gemeinsam:**

3. **Setzt den Text nun in Handlung um, indem ihr nicht nur lest, sondern auch spielt. Greift hierbei eure Anfangsüberlegungen auf!**

➡ Wie sollte dieser Text passend betont werden? Wie lassen sich durch die Betonung oder die Lautstärke Gefühle treffend ausdrücken?

➡ Welche Gesten und welche Mimik können das Gesagte unterstützen?

© Verlag an der Ruhr / Postfach 10 22 51 / 45422 Mülheim an der Ruhr / www.verlagruhr.de / ISBN 3-8346-0040-7

Anregungen zum Besuch einer Theateraufführung

1. **Stellt ein Plakat her, mit dem ihr für eine Aufführung von „Nathan der Weise" werben wollt!**

2. **Erkundigt euch, ob an einem Theater in eurer Nähe „Nathan der Weise" gespielt wird, und besucht eine Aufführung. Ist dies nicht möglich, könnt ihr euch eine Inszenierung auf Video/DVD anschauen, auch wenn dann natürlich die Theateratmosphäre fehlt.**

3. **Achtet beim Anschauen des Stückes auf Folgendes:**
   - **Hat der Regisseur gegenüber der Vorlage gekürzt und wenn ja, welche Szenen hat er weggelassen? Welche Aspekte der Handlung werden dadurch betont, welche eher vernachlässigt?**
   - **Hat der Regisseur das Stück in der Zeit der Kreuzzüge belassen und die Kostüme und das Bühnenbild entsprechend gewählt? Oder handelt es sich um eine moderne Inszenierung?**
   - **Wie interpretiert der Regisseur die Personen des Stückes? Welche Charakterzüge werden, z.B. durch die Kleidung, besonders betont?**

4. **Befragt – wenn möglich – andere Theaterbesucher, wie ihnen die Inszenierung gefallen hat. Die Befragten sollten ihre Meinung begründen!**

© Verlag an der Ruhr / Postfach 10 22 51 / 45422 Mülheim an der Ruhr / www.verlagruhr.de / ISBN 3-8346-0040-7

Lessings Verständnis von Religion

Ein Interview mit Nathan dem Weisen

Wenn wir Lessings Verständnis von Religion untersuchen wollen, müssen wir unseren Blick auf Nathan richten, denn dieser verkörpert viele persönliche Ansichten Lessings. Dankenswerterweise hat sich Nathan der Weise bereit erklärt, an einem Interview zum Thema persönliche Gotteserfahrungen und Glauben teilzunehmen.

Versucht, die Fragen aus Nathans Sicht zu beantworten, indem ihr an den genannten Stellen im Schauspiel nachlest!

 Herr Nathan, wir wollen uns ja heute über ihre Erfahrungen mit Gott unterhalten. Das ist ein recht schwieriges Thema. Welche Rolle spielt denn Gott in ihrem Leben? Können Sie Situationen benennen, in denen Gott in ihr Leben eingegriffen hat? (V. 88f. und 3037–3066)

 Das waren ja nun auch schlimme Erfahrungen, die Sie im Laufe ihres Lebens machen mussten. Viele Menschen verlieren in solchen Situationen ihren Glauben an Gott, denn sie fragen sich, wie er solche schrecklichen Dinge zulassen konnte. Wie stehen Sie zu dieser Problematik? (V. 3045–3057 und 3449–3454)

 Glauben Sie also an die Vorsehung? Glauben sie daran, dass Gott einen Plan mit uns Menschen hat? Sind wir dann diesem Plan unterworfen, ohne ihn beeinflussen zu können? (V. 3077 und 3058f.)

 In Ihrem Leben haben sich ja einige wundersame Dinge zugetragen, etwa die Errettung ihrer Adoptivtochter aus dem Feuer beim Brand Ihres Hauses. Glauben Sie, dass Gott durch übernatürliche Ereignisse, etwa durch das Erscheinen von Engeln, in unser Leben eingreift? Was verstehen Sie denn unter Wundern? (I, 2)

 Herr Nathan, nun ein etwas anderes Thema. Erst vor kurzem war Jerusalem Schauplatz von Gefechten. Menschen verschiedener Religionen kämpften gegeneinander und es gab unsagbar viele Tote. Wie sehen Sie das Verhältnis der Religionen zueinander? Darf es zu solchen gewaltsamen Konflikten überhaupt kommen, wenn jeder seinen Glauben lebt? (III, 7)

Herr Nathan, vielen Dank, dass Sie sich die Zeit genommen haben, die Fragen zu beantworten. Ihre Antworten waren sehr interessant und geben bestimmt Anregungen zum Nachdenken.

© Verlag an der Ruhr / Postfach 10 22 51 / 45422 Mülheim an der Ruhr / www.verlagruhr.de / ISBN 3-8346-0040-7

Das Verhältnis der Religionen zueinander I

- Ich dächte,   1970

Daß die Religionen, die ich dir

Genannt, doch wohl zu unterscheiden wären.

Bis auf die Kleidung, bis auf Speis' und Trank!

So lautet Saladins Antwort in der Ringparabel auf Nathans Äußerung, dass die
Ringe, also die Religionen, nicht zu unterscheiden seien.
Tatsächlich unterscheiden sich die drei
Religionen aber bezüglich ihrer Speise-
und Kleidungsgewohnheiten.

Ordnet die aufgezählten Beispiele in die Tabelle ein!
Einige von ihnen lassen sich mehrfach zuordnen!

Kein Verzehr von Fleisch von Nichtwiederkäuern –
Verbot von Alkoholgenuss – Fasten im Fastenmonat Ramadan –
40-tägiges Fasten in der Passionszeit – Frauen sollen sich verhüllen –
Tötung von Tieren durch Schächten *(Durchschneiden der Halsschlagader und anschließendes
Ausbluten lassen)* – Verbot des gleichzeitigen Verzehrs von Milch und Fleisch –
Männer tragen an heiligen Orten die Kippa als Kopfbedeckung –
Freitags kein Fleisch – Beten ohne Schuhe

Judentum	Christentum	Islam

Bei den angeführten Beispielen handelt es sich um solche, die von vielen Gläubigen akzeptiert und eingehalten werden. Vergleicht man strenggläubige Anhänger der verschiedenen Religionen, finden sich noch weitaus gravierendere Unterschiede, was z.B. die Kleidung anbelangt. So verhüllen viele orthodoxe Jüdinnen ihr Haar mit einer Perücke, viele streng-gläubige Christinnen tragen nur Röcke und keine Hosen oder Muslima verschleiern sich. Interessant ist, dass Lessings Figuren, obwohl sie ja Vertreter der drei großen Religionen sind, ihre Religionszugehörigkeit nur an wenigen Stellen zeigen. Vereinzelt wird religionstypische Kleidung erwähnt (V. 2648, 570f., IV, 2). Die Ausübung religiöser Rituale wird nur an einer Stelle beschrieben (V. 3614–3633). Die Unterschiede zwischen den Religionen treten bei Lessing also zugunsten der vielen Gemeinsamkeiten, die die Anhänger der verschiedenen Religionen als Menschen im Alltag vereinen, in den Hintergrund.

© Verlag an der Ruhr / Postfach 10 22 51 / 45422 Mülheim an der Ruhr / www.verlagruhr.de / ISBN 3-8346-0040-7

Das Verhältnis der Religionen zueinander II

In täglichen Bräuchen und Ritualen unterscheiden sich die drei Religionen erheblich voneinander. Lessing schreibt jedoch in der Ringparabel, dass selbst der Vater, der ja beim Künstler zwei neue Ringe in Auftrag gegeben hatte, die Vorlage und die Imitate nicht unterscheiden konnte (siehe V. 1950f.). Ist das Bild der drei fast identischen Ringe ein treffendes? Wie ähnlich sind sich nun die drei Religionen, von denen im Drama die Rede ist?

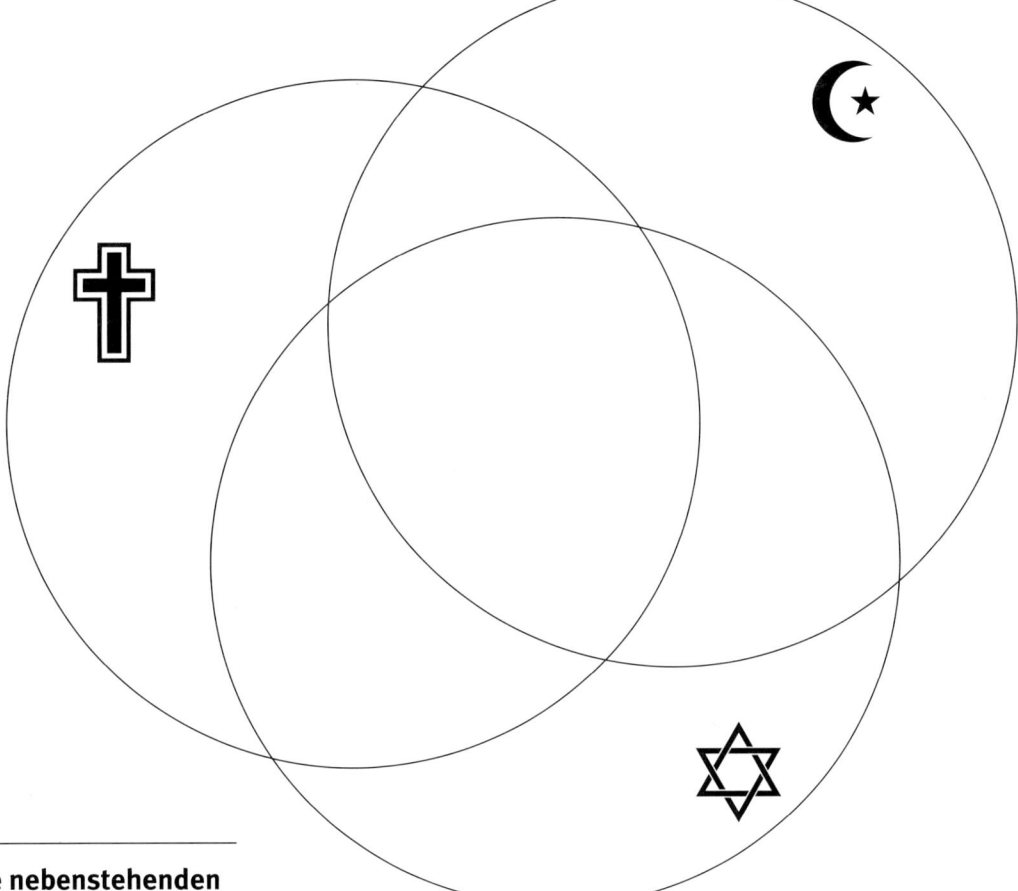

1. **Ordnet die nebenstehenden Begriffe der jeweils richtigen Religion zu. Gehört ein Begriff zu zwei oder zu allen drei Religionen, könnt ihr ihn in die jeweilige Schnittmenge eintragen!**

2. **Überlegt gemeinsam: Worin liegen entscheidende Gemeinsamkeiten bzw. Unterschiede zwischen den Religionen? Was überwiegt eurer Meinung nach? Ist das Bild von den drei Ringen inhaltlich ein zutreffendes?**

Schriftreligion *(besitzt ein heiliges Buch)* –
Sündenvergebung durch den Tod Jesu am Kreuz –
Fünf Säulen – Vorstellung von einem Weiterleben nach dem Tod –
Zehn Gebote – Warten auf den Messias (Erlöser) –
Fünf Bücher Mose – Gebot der Nächstenliebe –
Glaube an die Erschaffung der Welt durch Gott –
Beschneidung – Mohammed als „Siegel der Propheten" –
Glaube an einen Gott (Monotheismus) – Sabbat –
Glaube an den Heiligen Geist – Scharia –
Glaube an die Auferstehung Jesu – Talmud

© Verlag an der Ruhr / Postfach 10 22 51 / 45422 Mülheim an der Ruhr / www.verlagruhr.de / ISBN 3-8346-0040-7

Das Verhältnis der Religionen zueinander III

Eva Frenzen, 36, Pfarrerskind, ist zum jüdischen Glauben übergetreten: „[…] Manchmal ist der Weg der Konvertiten zur neuen Glaubensgemeinschaft kein direkter, sondern eine allmähliche Annäherung. Dann gehen dem offiziellen Übertritt von einem Glauben zum anderen ein jahrelanges Ringen, Fragen und Zweifeln voraus. [...] ‚Ich wollte es ganz genau wissen.‘ Genau wissen, ob sie nicht doch an diesen Jesus glauben kann. Genau wissen, ob ihre Faszination fürs Jüdische nicht etwa ein Ausdruck für ein tief sitzendes schlechtes Gewissen ist. Mit den deutschen Verbrechen im Dritten Reich zusammenhängt. [...] Evas Eltern [...] hatten ihre Tochter schon als Kind zu Tagungen über Themen wie den ‚interreligiösen Dialog‘ mitgenommen. Und mit 14 auf eine Reise nach Israel. Dort faszinierte Eva, wie die Juden mit ihren Ritualen, mit kurzen Segenssprüchen den Glauben in ihren Alltag einbeziehen […]. Wer Eva heute in ihrem Haus in der Nähe von München besucht, sieht an ihrer Wohnungstür Mesusa (sic!) hängen, jene kleinen Keramikhülsen mit dem Schma Israel, dem jüdischen Glaubensbekenntnis.

Sabine Kluger, 44, […] ist nicht mehr katholisch, sie ist seit sieben Jahren Buddhistin. „[…] Mit 18 tritt Sabine aus der Kirche aus. ‚[…] die Institution Kirche konnte ich nicht länger unterstützen.‘ Die Haltung des Papstes zur Pille und zur Stellung der Frau – völlig unakzeptabel für sie. Sabine macht sich auf die Suche. [...] Ein Aikido-Lehrer ist der erste Buddhist, dem sie begegnet. [...] Es hat etwas Klösterliches, das Leben als Buddhistin, auch in jenem Kölner Vorort voller bürgerlicher Einfamilienhäuser. Eine halbe Stunde morgens, anderthalb Stunden abends meditiert Sabine im Dachgeschoss ihrer Mietwohnung, die geschmückt ist mit farbenfrohen Thangkas, tibetischen Wandbildern. […] Offiziell gehört sie jetzt seit sieben Jahren dazu. […]“

Ursula Ott: Mein neuer Gott. In: Brigitte vom 8.12.2004, Ausgabe 26/2004. S. 175–180.

---

1. **Welche Gründe haben diese beiden Frauen veranlasst, zu konvertieren, also ihre Religion zu wechseln?**

2. **Sucht in Kleingruppen noch weitere Gründe, die Menschen zu einem Religionswechsel bewegen!**

3. **Manche Eltern lassen ihr Kind bewusst nicht taufen, damit es später als Erwachsener einmal selbst seine Religion auswählen kann. Was ist eure Meinung: Ist es möglich, seinem Kind in Deutschland einen offenen, vorurteilsfreien Zugang zu allen Religionen zu ermöglichen, sodass es sich später völlig frei entscheiden kann?**

Durch die Globalisierung begegnen wir immer häufiger Angehörigen fremder Religionen, sei es auf Reisen oder im eigenen Land. Daher wird es in Zukunft nach Meinung der Leipziger Religionssoziologin Monika Wohlrab-Sahr immer häufiger zu Religionsübertritten kommen. Was aber sind die konkreten Gründe zu konvertieren? Laut ihrer Untersuchung treten viele deutsche Frauen z.B. nach schweren Lebenskrisen, nach Gewalt oder Trennungen zum Isalm über. Der Freiburger Religionssoziologe Michael Ebertz erklärt, dass selten Gotteserlebnisse zu Konversionen führen, sondern oft Beziehungen, z.B. zu neuen Menschen oder Gruppen.

Nach: Ursula Ott: Mein neuer Gott. In: Brigitte vom 8.12.2004, Ausgabe 26/2004. S. 175–180.

Wodurch wird eigentlich bestimmt, welcher Religion wir angehören?

Was Lessing Nathan dazu sagen lässt, könnt ihr in den **Versen 1975–1986** nachlesen.

© Verlag an der Ruhr / Postfach 10 22 51 / 45422 Mülheim an der Ruhr / www.verlagruhr.de / ISBN 3-8346-0040-7

Lessings Ideal der Toleranz

Welches Verhalten Lessing von den Angehörigen der drei Religionsgemeinschaften erwartet, können wir am deutlichsten im zweiten Teil der Ringparabel, den Lessing selbst angefügt hat, erkennen:

1. a. **Welche Kraft besitzt der richtige Ring?**
   b. **Welche Grundhaltung gegenüber anderen Menschen ergibt sich hieraus (V. 2041f.)?**
   c. **Tragt in das Herz ein, durch welche Verhaltensweisen jeder Einzelne die Kraft des Steines unterstützen soll (V. 2045ff.)!**

Die drei Hauptfiguren vollbringen im Vorfeld der Handlung des Stückes bereits eine gute Tat: Nathan adoptiert Recha, Saladin begnadigt den Tempelherren und dieser rettet Recha aus dem Feuer.

Doch entspricht dieses Verhalten tatsächlich den ethischen Grundüberzeugungen der drei Religionen?

Das Judentum und das Christentum kennen explizit das Gebot der Gottes- und der Nächstenliebe (vgl. Dtn 6,5; Lev 19,18). Jesus bezeichnet es als das höchste aller Gebote (Lk 10,27) und ruft sogar zur Feindesliebe auf (Mt 5,44).
Das Wort „Islam" bedeutet so viel wie „Hingabe an den einen Gott". Der Islam kennt zumindest auch die Verpflichtung zur sozialen Hilfe, die sich z.B. in der Verpflichtung zur Sozialabgabe *(zakat)* äußert.

> „[…] der Koran spricht von den drei Glaubensgemeinschaften der Völker des Buches […] wie in Gleichwertigkeit: Gott gab jeder von ihnen den eigenen Weg und die eigene Ordnung […] und behält sich das Urteil bis zum letzten Tag vor: Die drei Religionen sollen sich im Wettstreit um das Gute, jede in Treue zu ihrer eigenen Tradition, mühen […]." (vgl. Sure 5,48f.)
> Lutherisches Kirchenamt der VELKD und Kirchenamt der EKD (Hg.): Was jeder vom Islam wissen muss. Gütersloh 2001[6]. S. 204.

2. **Vergleicht das unten links aufgeführte Zitat mit dem Rat des Richters in Lessings Ringparabel (V. 2010ff.)!**

3. **Beurteilt anhand des Verhaltens der Gläubigen und der Geschichte des Islams, wie bekannt diese Koranstelle ist und inwieweit sie befolgt wird bzw. wurde!**

4. **Glauben wirklich alle Religionen an den einen Gott?**

© Verlag an der Ruhr / Postfach 10 22 51 / 45422 Mülheim an der Ruhr / www.verlagruhr.de / ISBN 3-8346-0040-7

„Nathan der Weise" – auch heute noch ein Vorbild gelebter Toleranz?

1. Welches der Statements kommt Lessings Vorstellung von Toleranz am nächsten?

Ich verstehe gar nicht, warum es immer wieder zu Religionskriegen kommt. Letztlich glauben doch alle an den gleichen Gott: Allah oder Jahwe – Jesus oder Mohammed, das ist doch alles gleich. Ich finde die fernöstlichen Religionen faszinierend und mache regelmäßig Yoga, mein Kind geht in den evangelischen Kindergarten, denn der ist gerade ums Eck, und mein Mann ist eigenlich Moslem, er stammt aus der Türkei. Natürlich feiern wir Weihnachten – schon allein wegen der Geschenke, das machen doch alle so.

Zum Glück kann in unserem Land jeder glauben, woran er will: Jeder kann Gottesdienste besuchen und seine Bräuche frei ausüben. Ich finde gut, dass in unserem Grundgesetz die freie Religionsausübung für alle garantiert ist, auch wenn ich selbst nicht gläubig bin. Nur die radikalen Gruppierungen, die angeblich hinter diesen Anschlägen stecken, die sollte man vielleicht doch verbieten.

Ich bin gläubige Jüdin und gehe am Sabbat regelmäßig in die Synagoge. Auch wenn uns Juden im Laufe der Geschichte unseres Volkes viel Leid zugefügt wurde, vor allem von Christen, glaube ich, dass es in jeder Religion gute Menschen gibt. Gerade Juden und Christen verbindet doch so viel, z.B. die Zehn Gebote. Wichtig finde ich, dass die Angehörigen verschiedener Religionen sich begegnen und im Gespräch bleiben, um den Glauben des anderen besser zu verstehen und Gemeinsamkeiten und Unterschiede zu erkennen.

2. Welchem Statement kannst du persönlich am ehesten zustimmen?

3. Warum ist die Frage nach dem Zusammenleben von Menschen verschiedenen Glaubens heute aktueller denn je?

4. Diskutiert gemeinsam darüber, wie die Verständigung zwischen Angehörigen der verschiedenen Religionen gefördert werden kann? Welchen Beitrag kann ein Theaterstück wie „Nathan" leisten?

Eigentlich halte ich nicht viel vom Islam. Ich finde, Muslime sind oft radikal und haben mit Demokratie nicht viel am Hut. Und dann ist die Religion so frauenfeindlich – man muss sich nur anschauen, wie die armen Frauen rumlaufen müssen: verschleiert bis zur Nasenspitze. Doch kurz vor Weihnachten wurde aus unserem Ort eine muslimische Familie zurück nach Bosnien abgeschoben, weil ihr Asylantrag nicht genehmigt worden ist. Das eine Kind ging sogar mit meinem Sohn in die gleiche Klasse. Da habe ich gemeinsam mit den anderen Christen aus unserer Gemeinde gegen die Abschiebung demonstriert. Das können die Politiker doch nicht machen! Wer weiß, was die Familie dort erwartet! Von heute auf morgen zurück in ein zerstörtes Land!

© Verlag an der Ruhr / Postfach 10 22 51 / 45422 Mülheim an der Ruhr / www.verlagruhr.de / ISBN 3-8346-0040-7

Toleranz – Aktiv werden!

Ich werde heute tolerant sein, indem ich:

_____

_____

_____

_____

Es gibt viele verschiedene Möglichkeiten, Toleranz im Alltag zu zeigen und andere Menschen zu einem toleranten Umgang miteinander anzuregen.

- Überdenkt euren eigenen Alltag. Wo könntet ihr noch toleranter sein?

- Organisiert für alle Schüler eurer Schule ab der 9. Klasse einen Besuch des Theaterstücks „Nathan der Weise". Vielleicht gibt es ja die Möglichkeit, nach der Aufführung mit dem Regisseur oder den Schauspielern über das Stück zu diskutieren.

- Organisiert an eurer Schule Vorträge zum Thema „Fremde Kulturen – Fremde Religionen". Hierzu könnt ihr Religionswissenschaftler, aber auch Gläubige anderer Religionen einladen.

- Sammelt ausgehend von dieser Literatur-Kartei Material und erstellt eine Ausstellung zum Drama „Nathan der Weise" oder zu Themen wie „Kreuzzüge", „Toleranz", „Zeitalter der Aufklärung", „Antisemitismus", „Weltreligionen". Diese Ausstellung kann in der Aula eurer Schule präsentiert werden.

- Informiert euch über die Bedingungen, wie eure Schule die Auszeichnung „Schule ohne Rassismus" erwerben kann. Informationen hierzu bekommt ihr bei:
Aktion Courage e.V.
Postfach 26 44
53016 Bonn
www.aktioncourage.org

Bereits über 230 deutsche Schulen nennen sich **„Schule ohne Rassismus"**. Es geht hierbei um ein Projekt, das sich seit einigen Jahren gegen diskriminierende Einstellungen richtet, die im europäischen Vergleich unter deutschen Jugendlichen öfter auftreten. Das Projekt möchte auf rassistische Einstellungen aufmerksam machen und Maßnahmen vorstellen, um diesen Tendenzen frühzeitig entgegenzuwirken. Die Schüler sollen für alle Formen der Diskriminierung sensibilisiert werden und sich für Integration, Toleranz und Chancengleichheit engagieren. Letztlich geht es darum, Rassismus, Diskriminierung und Gewalt in unserer Gesellschaft abzubauen.

www.schule-ohne-rassismus.de

© Verlag an der Ruhr / Postfach 10 22 51 / 45422 Mülheim an der Ruhr / www.verlagruhr.de / ISBN 3-8346-0040-7

Lösungen

Toleranz – garantiert in den Menschenrechten (S. 6):

1. Das Grundgesetz fordert Toleranz bezüglich Geschlecht, Rasse, Abstammung, Sprache, Herkunft, Glauben, politischen und weltanschaulichen Anschauungen und der freien Meinungsäußerung.

2. Allerdings endet die Toleranz, wenn die verfassungsgemäße freiheitlich demokratische Grundordnung gefährdet ist, die Rechte anderer Menschen verletzt werden oder gegen das Sittengesetz verstoßen wird.

Warum tragen muslimische Frauen ein Kopftuch? I (S. 10):

2. Das Mädchen trägt das Kopftuch, weil es ein religiöses Gebot, eine Forderung Allahs ist.

Das Kopftuchurteil und seine Folgen (S. 14):

Argumente für das Kopftuchverbot:
- Elterliches Erziehungsrecht
- Neutralitäts- und Mäßigungsgebot für Beamte

Argumente gegen das Kopftuchverbot:
- Gleichbehandlung aller Religionen bedeutet gleichzeitiges Verbot von religiösen Symbolen anderer Religionen
- Religionsfreiheit der Lehrerin
- Gefahr der gesellschaftlichen Ausgrenzung von Frauen mit Kopftuch ➡ Gefahr des Rückzugs aus der Mehrheitsgesellschaft ➡ Entstehung einer Parallelgesellschaft

Handwerkszeug – Erörterung (S. 16):

1. Mögliche Gliederung der Erörterung:

   1. Einleitung: Verbot religiöser Symbole an französischen Schulen

   2. Hauptteil:
   2.1 Gründe für ein Verbot
   2.1.1 Schutz jüngerer Schüler vor Beeinflussung
   2.1.2 Gleichbehandlung aller Schüler
   2.1.3 Vermeidung von Konflikten
   2.2 Gründe gegen ein Verbot
   2.2.1 Einschränkung der Religionsfreiheit
   2.2.2 Vorbereitung auf die Lebenswirklichkeit
   2.2.3 Chance zum Dialog mit fremden Religionen
   2.2.4 Chance zum Einüben von Toleranz
   2.3 Synthese: Keine überzeugenden Gründe für ein Verbot religiöser Symbole an Schulen

   3. Schluss: Verbot in Deutschland unwahrscheinlich

Handwerkszeug – Inhaltsangabe (S. 21):

2. Die Inhaltsangabe unterscheidet sich

   • vom **Bericht** dadurch, dass dieser über ein einmaliges vergangenes Ereignis informiert, während die Grundlage für die Inhaltsangabe meistens ein Text (oder ein Film) ist. Im Gegensatz zum Bericht wird die Inhaltsangabe im Präsens verfasst.

   • vom **Protokoll** dadurch, dass die Grundlage des Protokolls kein Text ist, sondern dass es den Ablauf einer Tagung, Sitzung, Unterrichtsstunde usw., also eines einmaligen Ereignisses, wiedergibt. Das Protokoll ist im Präteritum verfasst und muss konkreten formalen Vorgaben entsprechen.

   • von der **Nacherzählung** dadurch, dass die Nacherzählung kein Sachtext ist, sondern unterhalten statt informieren will. Die Nacherzählung wird im Präteritum verfasst.

Aus Lessings Jugend (S. 22):

2. Lessing versucht seiner Mutter hier zu erklären, dass er Berufsschriftsteller werden und sein Studium abbrechen möchte.

Schule im Zeitalter der Aufklärung (S. 25):

1560 stehen religiöse Lerninhalte und eine allgemein religiöse Erziehung im Vordergrund. Vorrangiges Lernziel ist das Auswendiglernen bestimmter Texte.

1765 hingegen müssen die Schüler nicht nur auswendig lernen, sondern ihr Verstand soll gefördert werden; sie sollen den Lernstoff verstehen. Die Lerninhalte werden auch nach ihrem Nutzen für das Leben der Schüler ausgewählt.

Handwerkszeug – Literarische Erörterung (S. 32):

1. • Aufstand gegen die Autoritäten: IV, 2 Karikatur des Patriarchen als Autorität

  85

Lösungen

- Rationalismus: I, 2
- Gedanke der Aufklärung: I, 2
- Kulturoptimismus: III, 7
- Deismus: IV, 7
- Menschenrechte: Grundgedanke der Menschlichkeit aller als verbindendes Element (z.B. V. 1310ff.)

Das Erbe der Aufklärung heute (S. 33):

2. Erbe der Aufklärung: UNO, weibliche Emanzipation, Menschenrechte, Abschaffung der Folter, Demokratie

Der Fragmentenstreit II (S. 35):

1. Reimarus zweifelt an der Auferstehung Jesu, da sich die Aussagen der vier Evangelisten hierüber stark widersprechen. Er meint, auch ein heutiges Gericht würde solch widersprüchlichen Zeugenaussagen keinen Glauben schenken. Zudem argumentiert er, dass der auferstandene Jesus nur seinen Anhängern, nicht aber Außenstehenden erschienen sei und dass die Jünger auch keinem anderen von den Erscheinungen des Auferstandenen erzählt hätten.

4. Der Text ist typisch für die Aufklärungszeit, da hier versucht wird, die Wahrheit eines in der Bibel erzählten Ereignisses (d.h. der Auferstehung) mit rationalen Argumenten zu beurteilen.

Der Fragmentenstreit IV (S. 37):

1. Lessing

- Die Bibel ist kein göttliches Buch, sondern nach und nach aus menschlicher Predigt entstanden.
- Die Bibel ist von Menschen geschrieben. ➡ Möglichkeit des kritischen wissenschaftlichen Umgangs mit der Bibel, etwa durch die Anwendung der historisch-kritischen Methode.

Goeze

- Die Wahrheit der christlichen Religion ist im Willen Gottes und in der Bibel offenbart.
- Die Bibel ist ein göttliches Buch. ➡ Somit sind die Bibel und ihre Texte über jede menschliche Kritik erhaben.

2. Die moderne Theologie orientiert sich weitgehend an der Position Lessings.

Die Ringparabel II (S. 40):

2. Lessing will zum Nachdenken über das Verhältnis der Religionen und ihrer Gläubigen anregen; er entfaltet hier sein Humanitäts- und Toleranzideal.

3. Um das herzogliche Veröffentlichungsverbot „in Religionssachen" zu umgehen, verfasste Lessing ein Drama („Nathan"), in dem er seine Ideen und Ideale aus dem Fragmentenstreit aufgreift und versucht, diese dem Publikum zu vermitteln. Er will die Menschen zum Nachdenken anregen. Also ist der „Nathan" praktisch eine Fortsetzung des Fragmentenstreits.

4. Unterschiede:

- Bei Boccaccio sind die Ringe kaum, bei Lessing gar nicht zu unterscheiden (V. 1951f.).
- Der Ring bei Boccaccio hat keinen Stein (V. 1913ff.).
- Bei Lessing erfolgt die Übergabe des Ringes an den geliebtesten Sohn (V. 1921ff.).
- Angefügter Teil ab V. 1963 bei Lessing.
- ...

Gemeinsamkeiten:

- Vater, der sich nicht entscheiden kann, welchem seiner drei Söhne er den Ring vermacht.
- Herstellen der Ringduplikate.
- Streit der drei Söhne um das wahre Erbe.
- ...

Die Ringparabel III (S. 41):

2.
- Mann im Osten – Gott
- Erster Ring – „Urreligion"
- Drei Söhne – Die drei Glaubensgemeinschaften
- Drei Ringe – Die drei Schriftreligionen
- Streit der Söhne – Streit der Religionen, z.B. Kreuzzüge

Der dritte Kreuzzug als Hintergrund des Dramas (S. 42):

1. V. 572–575, V. 757–761, V. 2569–2571, V. 642–649, V. 854–856 und 889–895

2. Nicht mit der historischen Realität überein stimmt der Bericht über die geplante Doppelhochzeit; geplant war nur die Heirat zwischen Saladins Bruder Malek und Richards Schwester Johanna, Witwe des Königs von Sizilien.

© Verlag an der Ruhr / Postfach 10 22 51 / 45422 Mülheim an der Ruhr / www.verlagruhr.de / ISBN 3-8346-0040-7

Lösungen

Daneben kann Daja nicht ihrem Mann nach Palästina gefolgt sein, wenn dieser mit Friedrich Barbarossa dorthin zog, und gleichzeitig Rechas Amme gewesen sein (chronologische Unstimmigkeit).

Zeit der Kreuzzüge II (S. 44):

1. Gefahren waren z.B. Überfälle, Unfälle (Schiffsunglücke), Seuchen/Krankheiten, Hunger, kämpferische Auseinandersetzungen usw.

Die Kreuzzüge – ein Fazit (S. 46):

1. Ziffer, Zucker, Algebra, Reis, Tarif, Gitarre, Alkohol usw.
2. **Schaden:** Ruf der Kirche ruiniert; Tod vieler unschuldiger Zivilisten, aber auch Ritter/Soldaten; Judenpogrome; Spaltung der christlichen Kirche vertieft; Verwüstung von Landstrichen
   Nutzen: Begegnung der Kulturen und somit kultureller Austausch ➡ großer Nutzen für das Abendland, z.B. durch Erweiterung der medizinischen Kenntnisse; Nutzen für einzelne Teilnehmer, z.B. durch Schuldenerlass oder eine neue Zukunftsperspektive; innereuropäische Kooperation gegen „gemeinsamen Feind"

Jerusalem – „Heilige Stadt" dreier Weltreligionen II (S. 48):

2. Die heiligen Stätten der verschiedenen Religionen liegen sehr eng beieinander.

So bildet die *Klagemauer* einen Abschluss des Tempelbergs, auf dem sich die *Al Aqsa Moschee* und der *Felsendom* befinden. Und die *via dolorosa* führt z.B. durch das arabische Viertel und durch Gassen des Basars. Daher kann es immer wieder zu Zusammenstößen zwischen Pilgern verschiedener Religionen kommen.

3. Lessing siedelte das Drama in Jerusalem an, da einerseits der Ort durch die Hauptfigur der Ringparabel, Sultan Saladin, bereits vorgegeben war, und andererseits, weil an keinem anderen Ort der Welt die Heiligtümer der drei großen Schriftreligionen so eng beieinander liegen und sich daher Menschen verschiedenen Glaubens begegnen.

Religionskonflikte heute II (S. 55):

1. Während des Dritten Reiches machten die Juden die Erfahrung, in keinem Staat der Welt letztlich sicher zu sein und v.a. wertvolle Hilfe zu erfahren; eine Sicherung ihrer Existenz/ihres Volkes erhofften sie sich von einem eigenen Land, dem Staat Israel, der daraufhin gegründet wurde.

Religionskonflikte heute III (S. 56):

2. Der Aufbau eines außenpolitischen Feindbildes eint das eigene Volk und lenkt von innenpolitischen Problemen ab.

Personenkonstellation I (S. 57):

1.

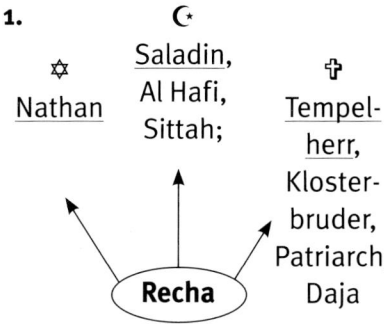

2. Recha würde sich zu Beginn des Stücks bei Nathan – also als Jüdin – einordnen. Daja hingegen würde sie als Christin sehen. Letztlich gehört Recha ein bisschen zu allen drei Religionen – mit einer christlichen Mutter, einem muslimischen Vater und einem jüdischen Adoptivvater.

Personenkonstellation II (S. 58):

Sultan Saladin: „Ein Kleid, Ein Schwert, Ein Pferd, – und Einen Gott! / Was brauch ich mehr?" (V. 990f.)
Klosterbruder: „(ein verschmitzter Bruder!)" (V. 557)
Kurt von Stauffen: „– Ich hab in dem gelobten Lande, – / ... / Der Vorurteile mehr schon abgelegt. –" (V. 2134ff.)
Recha: „So jung! So klug! So fromm!" (V. 3525)
Derwisch Al Hafi: „– Wilder, guter, edler – / Wie nenn ich ihn?" (V. 1514f.)
Nathan: „Er hat Verstand; er weiß / Zu leben; spielt gut Schach." (V. 1062f.)
Daja: „... eine von den Schwärmerinnen, die / Den allgemeinen, einzig wahren Weg / Nach Gott zu wissen wähnen!" (V. 3587ff.)

© Verlag an der Ruhr / Postfach 10 22 51 / 45422 Mülheim an der Ruhr / www.verlagruhr.de / ISBN 3-8346-0040-7

Lösungen

Patriarch: „Ein dicker, roter, freundlicher Prälat" (V. 2455)
Sittah: „Kalte, ruhige Vernunft / Will alles über sie allein vermögen." (V. 3564f.)

Nathan II (S. 60):
1. Verlust von Frau und Kind

Nathan III (S. 61):
1. Nathan ist auch ein gläubiger Jude. Er verliert wie Hiob Frau, Kinder und Besitz, hört aber über diese Schicksalsschläge nicht auf, an Gott zu glauben. Am Ende bekommt Nathan wieder ein Kind (Recha); auch Hiob wird am Ende von Gott „entschädigt".

Der Tempelherr I (S. 63):
1. Christliche Mönchsgelübde sind: Gehorsam (gegenüber dem Abt), Armut, Keuschheit (Ehelosigkeit) und z.T. Bindung an ein festes Kloster. Das Leben der christlichen Mönche ist geprägt von Gebet und Arbeit („ora et labora").
3. **Allgemein:** Abenteuerlust, feste Überzeugung vom christlichen Glauben, Suche nach einer Lebensaufgabe, Suche nach einer festen Lebensgemeinschaft, ...
Curd von Stauffen: Vorbild des Vaters folgen, wenig familiäre Bindungen, ...

Der Patriarch (S. 65):
3. **Gemeinsamkeiten:**
Vgl. Szene IV, 2, z.B. Meinung zum Thema Vernunft.

Handwerkszeug – Personencharakterisierung (S. 66):
1. Waisenkind Blanda von Filnek zu Nathan gebracht; vertrieben aus Einsiedelei von Arabern; Schutz des Patriarchen; Einsiedelei von Tabor; Dienst für den Patriarchen (V. 2935ff.): Auskundschaften, Spionage (Aushorchen des Tempelherrn), aber bereitet ihm „Ekel" (V. 2953); Auftrag des Patriarchen, Juden suchen, der Christenkind erzieht: Klosterbruder offenbart Nathan seinen Auftrag (V. 2955f.) und verrät ihn nicht; entscheidende Rolle bei Aufdeckung der Verwandtschaftsverhältnisse, weil er Nathan das Brevier Assads übergibt.

Die Frauenfiguren II (S. 68):
2. Siehe Textstellen in den Ausführungen zu Recha, Sittah und Daja.

„Nathan der Weise" – ein Erziehungsdrama (S. 69):
1. Nathan nötigt Recha und Daja nicht seine Meinung auf, sondern versucht, sie im Gespräch zur richtigen Erkenntnis zu führen. Er will sie zum selbstständigen Nachdenken und zur Anwendung vernünftiger Argumente anregen, indem er ihnen Denkanstöße gibt. Hier ähnelt Nathans Erziehungsideal ganz stark dem Schulsystem der Aufklärung.

Die Schlussszene – Realität oder Vision? (S. 70):

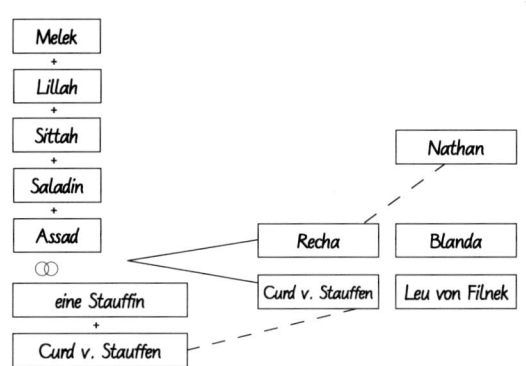

Grundelemente des Dramatischen I (S. 71):
Lyrik	• Sonett
	• Ode
	• Volkslied
	• Chanson
Epik	• Roman
	• Kurzgeschichte
	• Novelle
	• Fabel
	• Märchen
	• Legende
	• Sage
Dramatik	• Komödie
	• Hörspiel
	• Bürgerliches Trauerspiel
	• Tragödie
	• Schwank

Grundelemente des Dramatischen II (S. 72):
1. Synthetische Elemente: Erziehung der Figuren zu aufgeklärten Menschen; Analytische Elemente: Aufklärung der Verwandtschaftsverhältnisse

© Verlag an der Ruhr / Postfach 10 22 51 / 45422 Mülheim an der Ruhr / www.verlagruhr.de / ISBN 3-8346-0040-7

Lösungen

Lessing als Dramentheoretiker I (S. 73):
Lessing

- Dramen sind für Lessing absichtsvoll konstruierte Modelle der Wirklichkeit. Sie sollen beim Zuschauer Mitleid und Furcht erzeugen. Deshalb braucht es gemischte Charaktere, wahre Menschen mit Tugenden und Fehlern. Denn aus der Ähnlichkeit der Figuren mit dem Zuschauer entsteht eine Identifikationsmöglichkeit.
- Lessing fügt komische und tragische Elemente zusammen.
- Lessing siedelt Komödien wie „Minna von Barnhelm" im Adelsmilieu an und verfasst mit „Miss Sarah Sampson" das erste bürgerliche Trauerspiel in Deutschland.
- Lessing verfasst Tragödien wie „Emilia Galotti" in Prosa und verwendet den Blankvers, einen reimlosen fünfhebigen Jambus.
- Lessing legt mehr Wert auf eine innere Ganzheit der Handlung.
- Lessing orientiert sich an Shakespeare.

Lessing als Dramentheoretiker II (S. 74):
Tragische Elemente

- Kreuzzüge
- Nathans Bedrohung durch den Fanatismus des Patriarchen
- Nathans Lebenserfahrungen

Komische Elemente

- Nathans Ironie
- Patriarch als Satire
- verworrene Verwandtschaftsverhältnisse
- verschmitzte Art des Klosterbruders

Lessing als Dramentheoretiker III (S. 75):
1.

Adel: Saladin, Sittah
Geistlichkeit: Patriarch, Klosterbruder, Tempelherr
Bürgertum: Nathan, Recha, Daja

Der **Derwisch** lässt sich deshalb so schwer einordnen, da er aus einem anderen „Gesellschaftssystem" kommt, das diese Stände nicht kennt.

Das Verhältnis der Religionen zueinander I (S. 79):
Judentum

- Kein Verzehr von Fleisch von Nichtwiederkäuern
- Tötung von Tieren durch Schächten
- Verbot des gleichzeitigen Verzehrs von Milch und Fleisch
- Männer tragen an heiligen Orten die Kippa als Kopfbedeckung

Christentum

- 40-tägiges Fasten in der Passionszeit
- Freitags kein Fleisch

Islam

- Verbot von Alkoholgenuss
- Fasten im Fastenmonat Ramadan
- Frauen sollen sich verhüllen
- Tötung von Tieren durch Schächten
- Beten ohne Schuhe

Lessings Ideal der Toleranz (S. 82):
1. a. „Besitzt die Wunderkraft, beliebt zu machen; vor Gott und Menschen angenehm."
   (vgl. V. 2016f.)
   b. Anderen mit vorurteilsfreier Liebe begegnen.
   c. Sanftmut, herzliche Verträglichkeit, Wohltun, innigste Ergebenheit in Gott.

> Die hier vorgestellten Lösungen erheben keinen Anspruch auf Vollständigkeit.

© Verlag an der Ruhr / Postfach 10 22 51 / 45422 Mülheim an der Ruhr / www.verlagruhr.de / ISBN 3-8346-0040-7

Literatur

Primärliteratur:

Gotthold Ephraim Lessing:
Nathan der Weise. Ein dramatisches Gedicht in fünf Aufzügen.
Reclam Universal-Bibliothek Nr. 3. Stuttgart 2003.
ISBN 3-15-000003-3

Sekundärliteratur:

Jochen Bauer:
Konfliktstoff Kopftuch. Eine thematische Einführung in den Islam. Verlag an der Ruhr. Mülheim 2001.
ISBN 3-86072-614-5

Die Bibel nach der Übersetzung Martin Luthers in der revidierten Fassung von 1984.
Deutsche Bibelgesellschaft. Stuttgart 1999.

Eberhard Büssem, Michael Neher:
Arbeitsbuch Geschichte.
Mittelalter Repetitorium. UTB Band 4. Tübingen 1995[11].
ISBN 3-8252-0411-1

Wolfgang Drews:
Gotthold Ephraim Lessing.
rororo Monographie 55075. Hamburg 2001[27].
ISBN 3-499-50075-2

Julia Dieter, Siegfried Haas:
Warum gerade ich? Die Hiob-Geschichte. Materialien und Diskussionsanregungen. Verlag an der Ruhr. Mülheim 2004.
ISBN 3-86072-830-X

Peter von Düffel (Hg.):
Erläuterungen und Dokumente.
G.E. Lessing, Nathan der Weise. Reclam Universal-Bibliothek Nr. 8118. Stuttgart 2005.
ISBN 3-15-008118-1

Jostein Gaarder:
Sofies Welt. Roman über die Geschichte der Philosophie. Hanser Verlag. München 1993.
ISBN 3-423-62000-5

Michael Gallagher:
Israel und Palästina. Verlag an der Ruhr. Mülheim 2005.
ISBN 3-86072-981-0

Herbert Gutschera, Jörg Thierfelder:
Brennpunkte der Kirchengeschichte. Ein Arbeitsbuch. Schöningh Verlag. Paderborn 1976. ISBN 3-14-053510-4

Grundgesetz für die Bundesrepublik Deutschland. Hg. von der bayerischen Landeszentrale für politische Bildung. Bearbeitet von Konrad Stollreiter. München 1992.

Dieter Gutzen, Norbert Oellers, Jürgen H. Petersen:
Einführung in die neuere deutsche Literaturwissenschaft. Ein Arbeitsbuch. Erich Schmidt Verlag. Berlin 1989[6].
ISBN 3-503-02287-2

Petra Haumersen, Frank Liebe:
Wenn Multikulti schief läuft? Verlag an der Ruhr. Mülheim 2005. ISBN 3-86072-996-9

Monika Held:
Sie glotzen mich an wie eine Außerirdische. In: Brigitte 22/1992. S. 136–138.
Michael Keene:
Was Weltreligionen zu Alltagsthemen sagen. Aktuelle Probleme aus der Sicht von Christen, Juden und Muslimen. Verlag an der Ruhr. Mülheim 2005. ISBN 3-86072-989-6

H.-W. Krumwiede, M. Greschat, M. Jacobs, A. Lindt:
Kirchen- und Theologiegeschichte in Quellen. Neuzeit. 1. Teil. Neukirchener Verlag. Neukirchen 1989[3].

Jan Kuhlmann (dpa):
Alterspyramide noch dramatischer verdreht. In: Lauterbacher Anzeiger vom 1.2.2005.

Jonas Lanig, Marion Schweizer, Wageni-Verlag:
„Ausländer nehmen uns die Arbeitsplätze weg!" Rechtsradikale Propaganda und wie man sie widerlegt. Verlag an der Ruhr. Mülheim 2005.
ISBN 3-86072-992-6

Microsoft Encarta 98 Enzyklopädie

Ursula Ott: **Mein neuer Gott.**
In: Brigitte vom 8.12.2004, Ausgabe 26/2004. S. 175–180.

Literatur und Internet

„Religiöse Vielfalt statt Zwangsemanzipation" – Aufruf wider eine Lex Kopftuch – Eine Initiative von Marieluise Beck, Beauftragte der Bundesregierung für Migration, Flüchtlinge und Integration, und vieler anderer namhafter deutscher Frauen.

Günther und Irmgard Schweikle (Hg.): **Metzler Literatur Lexikon.** Begriffe und Definitionen. Stuttgart 1990². ISBN 3-476-00668-9

Gerhard Sedding, Gotthold Ephraim Lessing: **Nathan der Weise.** Lektürenhilfen. Stuttgart 2001¹⁴. ISBN 3-12-922339-8

Dietrich Steinwede (Hg.): **Erzählbuch zur Kirchenge-schichte.** Von der beginnenden Neuzeit bis zur Gegenwart. Vandenhoeck & Ruprecht. Göttingen 1987. ISBN 3-525-61220-6

Lutherisches Kirchenamt der VELKD und Kirchenamt der EKD (Hg.): **Was jeder vom Judentum wissen muss.** Gütersloher Verlagshaus. Gütersloh 1993⁷. ISBN 3-579-00788-2

Lutherisches Kirchenamt der VELKD und Kirchenamt der EKD (Hg.): **Was jeder vom Islam wissen muss.** Gütersloher Verlagshaus. Gütersloh 1991³, 2001⁶. ISBN 3-579-00786-6

Wilhelm Weischedel: **Immanuel Kant.** Werkausgabe Band XI. Suhrkamp Verlag. Frankfurt 1982. ISBN 3-518-27792-8

Internetquellen:

Interview von Steve Waldmann (Chefredakteur der amerikanischen Internetseite Beliefnet) mit George Bush vom November 2000. Übersetzt von Burkhard Weitz unter **www.chrismon.de/ctexte/2001/11/11-11.html**

Norbert Lübbers: Kopftuch schlimmer als Kruzifix, unter **www.zdf.de/ZDFde/inhalt/14/0,1872,2094926,00.html**

Rolf Paasch: Israel in Schwarz und Weiß. In: Frankfurter Rundschau online vom 30.01.2004 unter **www.frankfurter-rundschau.de**

Urteil des Bundesverfassungs-gerichts zum „Kopftuchstreit" vom 24.09.2003 unter **www.bundesverfassungsge-richt.de/cgi-bin/link.pl?presse**

Axel Vornbäumen: Hat der Antisemitismus die Mitte erreicht. In: Frankfurter Rundschau online vom 12.12.2003 unter **www.frankfurter-rundschau.de**

Links zum Thema:

Eine Bundesinitiative gegen Extremismus und Gewalt: Das Bündnis für Demokratie und Toleranz. **www.buendnis-toleranz.de**

Diese Homepage informiert über Unterrichtsreihen, Foren, Projekte, Arbeitsmaterial und Jugendliteratur rund um das Thema „Schule und Toleranz". **www.schule-fuer-toleranz.de**

„Erklärung von Prinzipien der Toleranz" verabschiedet und proklamiert bei der 28. UNESCO-Generalkonferenz (Paris, 25. Oktober bis 19. November 1995) von den Mitgliedsstaaten der Organisation der Vereinten Nationen. **www.unesco.de/c_bibliothek/tol_erklaerung.htm**

Eine Informationsseite über die Unterschiede und Gemeinsamkeiten der Weltreligionen Buddhismus, Christentum, Hinduismus, Islam und Judentum. **www.kindernetz.de/infonetz/thema/religionen/buddhismus/politik.html**

Erste Designprojekte im Kunstunterricht

25 Ideen für Alltagsprodukte

Kl. 5–13, 80 S., A4, Papph.
(mit vierf. Abb.)
ISBN 3-86072-982-9
Best.-Nr. 2982
18,60 € (D)/
19,15 € (A)/32,60 CHF

Marmorieren im Unterricht

Praktisches und Dekoratives von Schachteln bis zu Passepartouts

Kl. 5–13, 80 S., A4, Papph.
(mit vierf. Abb.)
ISBN 3-86072-985-3
Best.-Nr. 2985
19,– € (D)/19,50 € (A)/33,30 CHF

Mit Manga zeichnen lernen

Vom Rohentwurf bis zum ersten Comic

12–16 J., 85 S., A4, Pb. (mit vierf. Abb.)
ISBN 3-86072-986-1
Best.-Nr. 2986
16,80 € (D)/17,30 € (A)/29,40 CHF

30 x Kunst für 45 Minuten

Kurze Projekte für schnelle Erfolge

Kl. 5–13, 77 S., A4, Papph.
(mit vierf. Abb.)
ISBN 3-86072-922-5
Best.-Nr. 2922
18,60 € (D)/19,15 € (A)/32,60 CHF

Wie das Lernen Jungen erreicht

Ein Programm zur Integration und Förderung

Kl. 1–10, 160 S., 16 x 23 cm, Pb.
ISBN 3-86072-976-4
Best.-Nr. 2976
14,80 € (D)/
15,20 € (A)/25,90 CHF

Wer war Luther?

Infos, Hintergründe und Diskussionsanregungen

Kl. 7–9, 70 S., A4, Papph.
ISBN 3-86072-991-8
Best.-Nr. 2991
18,60 € (D)/19,15 € (A)/32,60 CHF

Die Bibel errätseln

75 Aufgaben und Entdeckungsreisen

Kl. 4–6, 87 S., A4, Papph.
ISBN 3-86072-979-9
Best.-Nr. 2979
18,60 € (D)/19,15 € (A)/32,60 CHF

Ernährung – Bewegung – Gesundheit

Eigene Maßstäbe für deinen Körper finden und umsetzen

10–14 J., 100 S., A4, Pb. (mit vierf. Abb.)
ISBN 3-86072-934-9
Best.-Nr. 2934
18,60 € (D)/19,15 € (A)/32,60 CHF

Basiskompetenzen für problemorientiertes Lernen

Ein systematisches Konzentrations- und Denktraining

11–16 J., 144 S., A4, Pb.
ISBN 3-86072-978-0
Best.-Nr. 2978
17,50 € (D)/18,– € (A)/30,70 CHF

Nach der Schule fit fürs Leben! So schaff ich das!

Arbeitsmaterialien zur Orientierung nach der Schule

Kl. 7–10, 76 S., A4, Papph.
ISBN 3-86072-933-0
Best.-Nr. 2933
17,– € (D)/17,50 € (A)/29,80 CHF

Wie man Werbung macht

Infos, Materialien und Unterrichtsprojekte

Kl. 7–11, 97 S., A4, Pb. (mit vierf. Abb.)
ISBN 3-86072-924-1
Best.-Nr. 2924
18,60 € (D)/19,15 € (A)/32,60 CHF

Natur- und Umweltkatastrophen – Menschengemacht?

Informationen, Hintergründe, Projektideen

Kl. 7–10, 90 S., A4, Papph.
ISBN 3-86072-928-4
Best.-Nr. 2928
19,60 € (D)/20,15 € (A)/34,30 CHF

Informationen und Beispielseiten unter www.verlagruhr.de
Verlag an der Ruhr • Postfach 10 22 51
45472 Mülheim an der Ruhr • Tel.: 0208/49 50 40

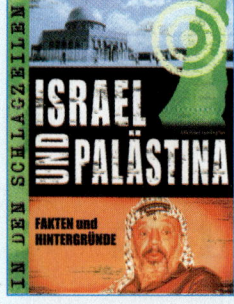